出口先生の

頭《あたま》がよくなる

かん字で
ことばのトレーニング

かん字 小学1年生

出口 汪《ひろし》

水王舎

保護者の皆さんへ

保護者の皆さんも、ぜひお子さんと一緒にこの本の問題に取り組んでみてください。今までと違った頭の使い方に、新鮮な驚きを覚えることでしょう。

小学生の頃から、このような漢字の使い方をトレーニングすることで、**自分の頭で考え、自分の言葉で表現できる子ども**に育つのです。

●漢字は言葉として覚える

この本は今までに例がない、画期的な漢字の本です。

今までの漢字の勉強法の多くは、暗記という単純な作業をさせるだけのものでした。だから子どもたちは何も考えなくなり、かえって漢字が覚えにくくなっていたのです。

この本は**漢字を単に覚えるのではなく、言葉として使えるようにするための本**です。**漢字を自在に使うためには、漢字の意味を知り、文章の中でその漢字がどんな言葉として働いているのかを知る必要があります。**

●小学生は言葉で脳が変わるとき

人間は、言葉によって脳に情報を蓄積しています。赤ちゃんの脳はまだ白紙の状態ですから、最初は主に母親の言葉によって情報が書き記されます。

やがて、子どもが幼稚園に入る頃には、新たに母親以外の言葉による情報が脳に加わっていきます。ただし、この頃はまだ自分が理解できる身近な情報しか加わりません。

小学校に入学すると、教科書や先生の授業など、日常生活以外の言葉の情報も加わります。それは、〝**漢字を使った言葉の世界**〟なのです。

そんな大切な漢字なのに、ただ覚えればいいといった言葉の与え方をしてこなかったでしょうか？

●子どもたちに与えたい6つの力

①一つ一つの漢字の意味を理解する力。

②文の中での漢字の使い方を理解する力。

③漢字の意味を考えてふさわしい言葉を選ぶ力。

④一つの漢字からさまざまな言葉を連想する力。

⑤正確に言葉をつなげて文を作る力。

⑥一文を正確に読み取る力。

どうでしょう？

こんな漢字の本が今まであったでしょうか？

子どもたちは生涯にわたって日本語でものを考え続けるのです。そして、その中心となるのは漢字を使った言葉です。だからこそ、小学生の時期にどのような言葉の使い方をしたかが、その子どもの将来に大きな影響を与えます。

しかし、その教育の選択は子どもたちにはできません。

今こそ、**子どもたちの親は正しい選択をする深い智恵と、決断力が必要とされる**のです。

出口汪

この本《ほん》の特長《とくちょう》

この本は漢字《かんじ》を覚《おぼ》えるだけでなく、漢字の意味《いみ》や使《つか》い方《かた》を知《し》って、漢字を使ってものを考《かんが》える力をつけるためのものです。

日本語《にほんご》は、主《おも》に漢字とひらがなからできているのですが、ひらがなは言葉《ことば》と言葉をつなげるものですので、実《じつ》は意味を持《も》った言葉のほとんどが漢字で表《あらわ》すことができるのです。

私《わたし》たちがものを考えるときは、意味を持った言葉を使います。それが漢字だということは、私たちは漢字を使ってものを考えているわけです。

だから、筋道《すじみち》を立《た》てて考えようとするときには、漢字の使い方が大切《たいせつ》になってきます。それが**漢字を使って、論理的《ろんりてき》にものを考えるということなのです。**

学習《がくしゅう》の流《なが》れ

漢字を意味からいくつかのグループに分《わ》けて学習します。

さらに、グループごとにSTEP1→STEP2→STEP3と進《すす》むにつれて、自然《しぜん》に漢字の意味と使い方を身《み》につけ、漢字を使って文《ぶん》を作《つく》ったり、考えたりすることができるようになります。

STEP1

漢字の読《よ》み・書《か》きだけでなく、意味をしっかりとつかむページです。

そのため、その漢字の意味に合《あ》わせた例文《れいぶん》をのせています。文の中《なか》での使い方を確認《かくにん》しましょう。

また、低学年《ていがくねん》は漢字の勉強《べんきょう》の初《はじ》めですから、**正しい書き順《じゅん》**もしっかりと覚えましょう。

STEP2

三つの選択肢《せんたくし》の中から答《こた》えを選《えら》ぶ問題《もんだい》です。

ここでは漢字のさまざまな使い方を学《まな》び、言葉の数《かず》を雪《ゆき》だるま式《しき》に増《ふ》やしていきます。

文脈上《ぶんみゃくじょう》どの選択肢がより適切《てきせつ》なのかを考えることで、**文脈に合った漢字の使い方を身につけることができます。**

STEP3

あたえられた言葉を並《なら》べかえて、一文を作成《さくせい》するトレーニングです。

言葉のきまりを意識《いしき》することで、**正確《せいかく》な一文を書くことができる**ようになります。

こういった学習の流れによって、小学生《しょうがくせい》のうちからしっかりとした国語力《こくごりょく》を身につけていきましょう。

保護者、指導者のみなさんへ

STEP3は基本的には文節単位で分けています。文節は意味上の最小限の単位だからです。

ただしあまり文法的なことにはあえてこだわっていません。この本はあくまで漢字の本であり、漢字を使って論理力を鍛えるためのものですから、意味にはこだわりますが、特に小学低学年では細かい文法にこだわる必要がないからです。

たとえば、何を主語とするのかもさまざまな考え方があります。主語ではなく主部だという考え方もあります。

それに対して、この本では主語・述語を一文の要点と考えているので、一文節だけでは意味が分かりにくいものは、複数の文節で主語・述語と考えています。

このように細かな文法事項にこだわるのではなく、**漢字や言葉を使って思考力や発想力を鍛える**ためのさまざまな工夫をしています。

漢字《かんじ》の勉強《べんきょう》のしかた

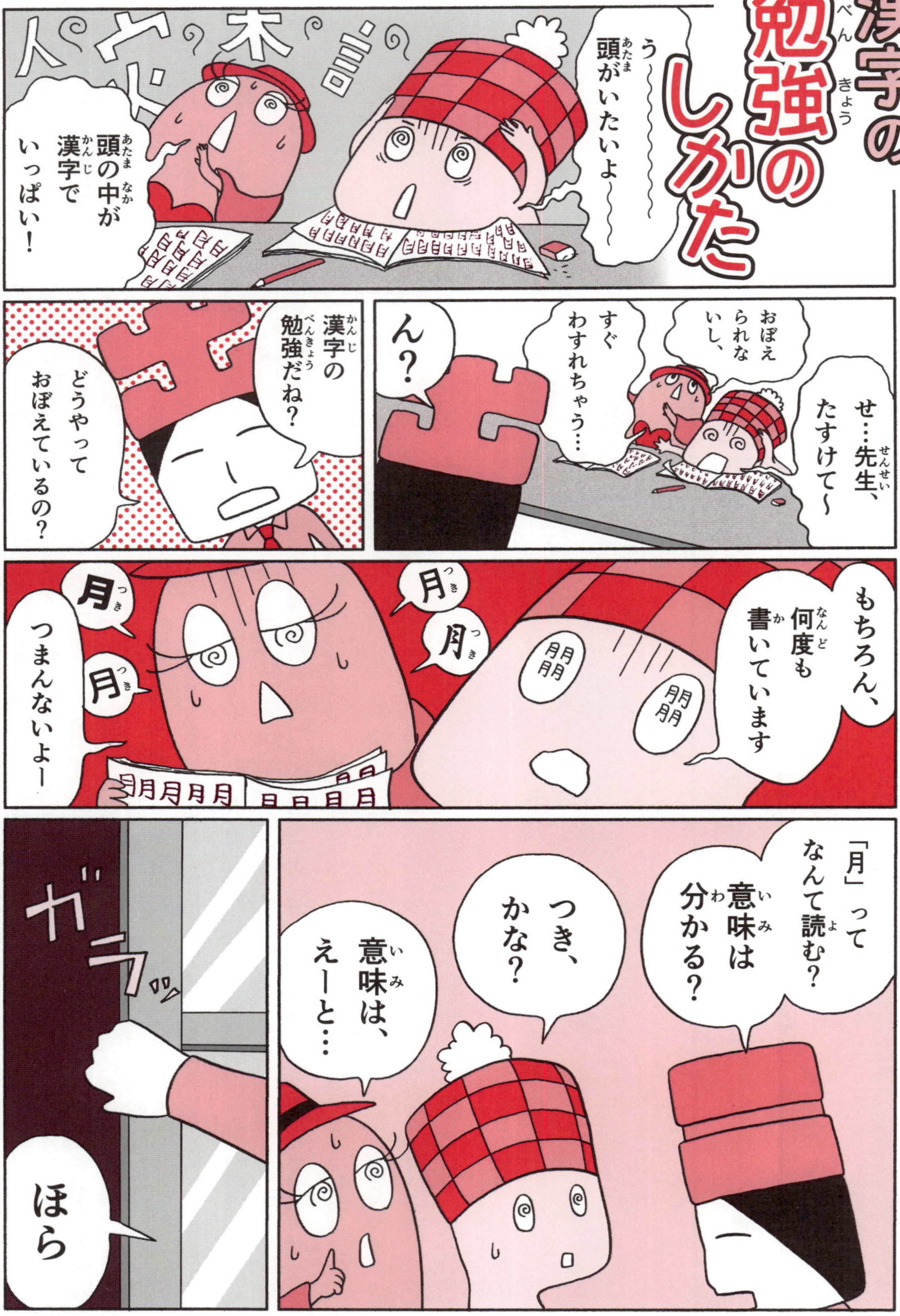

あ
月《つき》だ!
そう、月《つき》だよ
夜《よる》の空《そら》を見《み》たら、「月《つき》」って漢字《かんじ》を思《おも》えばいいのね
きれい――♥
それならわすれないね
でもね、「月《つき》」はつきのほかにも読《よ》み方《かた》があるんだよ
え?!
ほら、ね
9月
日 月 火 水 木 金 土
1 2 3 4 5 6
7 8 9 10 11 12 13
17 18 19 20
25 26 27
あ、カレンダー!
月
月曜日《げつようび》、これも「月《つき》」だ
月曜日《げつようび》は学校《がっこう》がはじまる日《ひ》だね

そう、読《よ》み方《かた》がかわれば、
意味《いみ》もかわるんだよ
先生《せんせい》、「お正月《しょうがつ》」は、おしょうガツ
漢字《かんじ》って、みぢかにある言葉《ことば》なのね
それにね、漢字《かんじ》には、文《ぶん》の中《なか》での使《つか》い方《かた》があるんだよ
たとえば、この四《よっ》つの言葉《ことば》で文《ぶん》を作《つく》ってごらん
出《で》た
上《うえ》に
月《つき》が
山《やま》の
「月《つき》」をおぼえたから、「月《つき》が」から…
「月《つき》が」→「山《やま》の」かな?
「月《つき》が」←「上《うえ》に」…
あれ?
「月《つき》が」どうしたの?
「出《で》た」だね
あっそうか!

「月《つき》が出《で》た」だね！
そう！
どこに出《で》た？
「山《やま》」だね！
山の出た？
でも、「山《やま》の」→「出《で》た」ではつながらないよ
「上《うえ》に」→「出《で》た」だよ！
そう！
ぱちぱち
「月《つき》が」→「山《やま》の」→「上《うえ》に」→「出《で》た」で、文《ぶん》ができたね
なんだかおもしろいな～
♪
漢字《かんじ》の使《つか》い方《かた》を考《かんが》えると、頭《あたま》の使《つか》い方《かた》もかわる気《き》がするな～♪
漢字《かんじ》は、おぼえるものではなく、使《つか》うものなんだよ
漢字《かんじ》を使《つか》うと、考《かんが》える力《ちから》がどんどんついてくるよ
すごい！
先生《せんせい》、もっと漢字《かんじ》の使《つか》い方《かた》、教《おし》えてください！
さあ、はじめましょう！

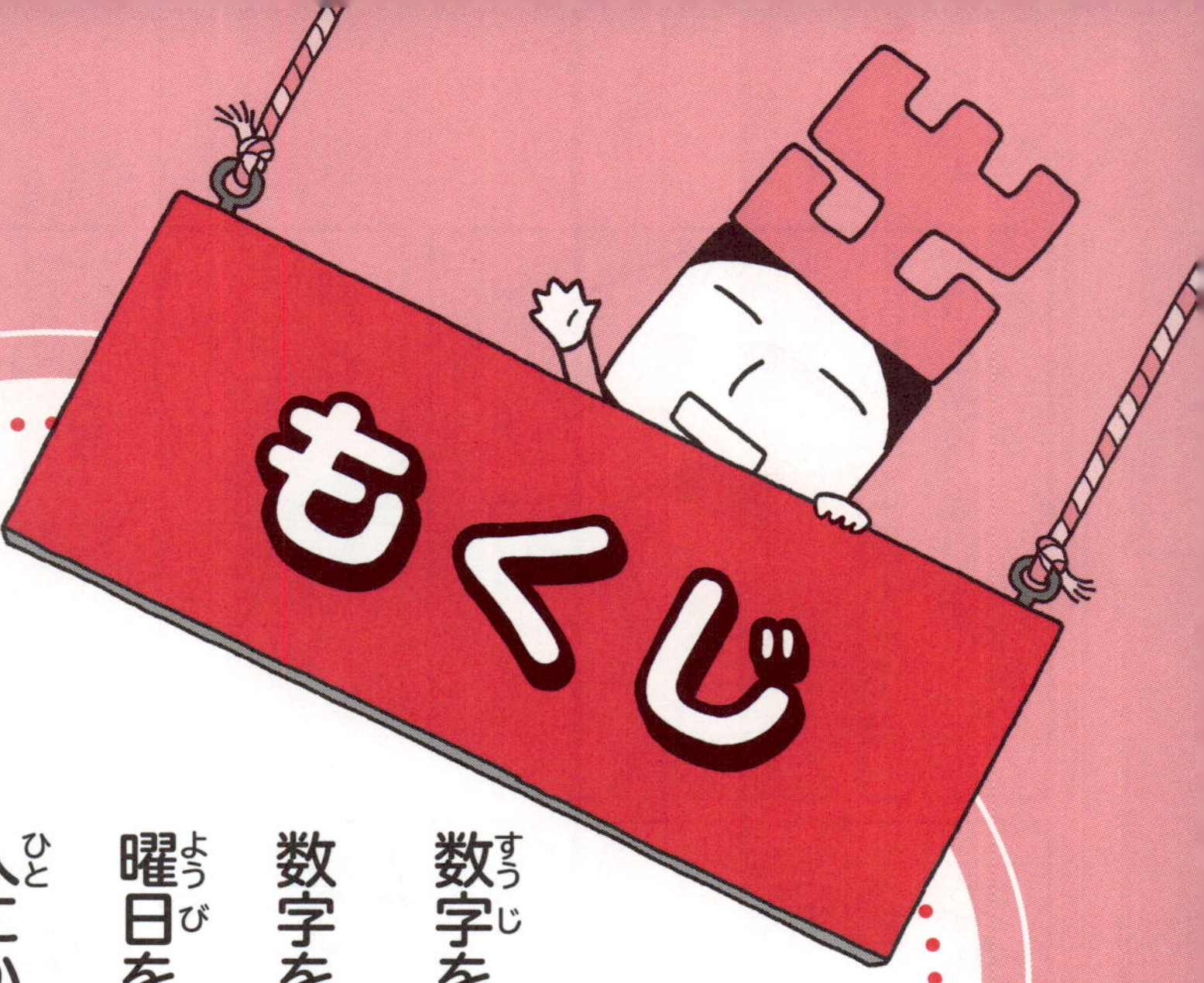

もくじ

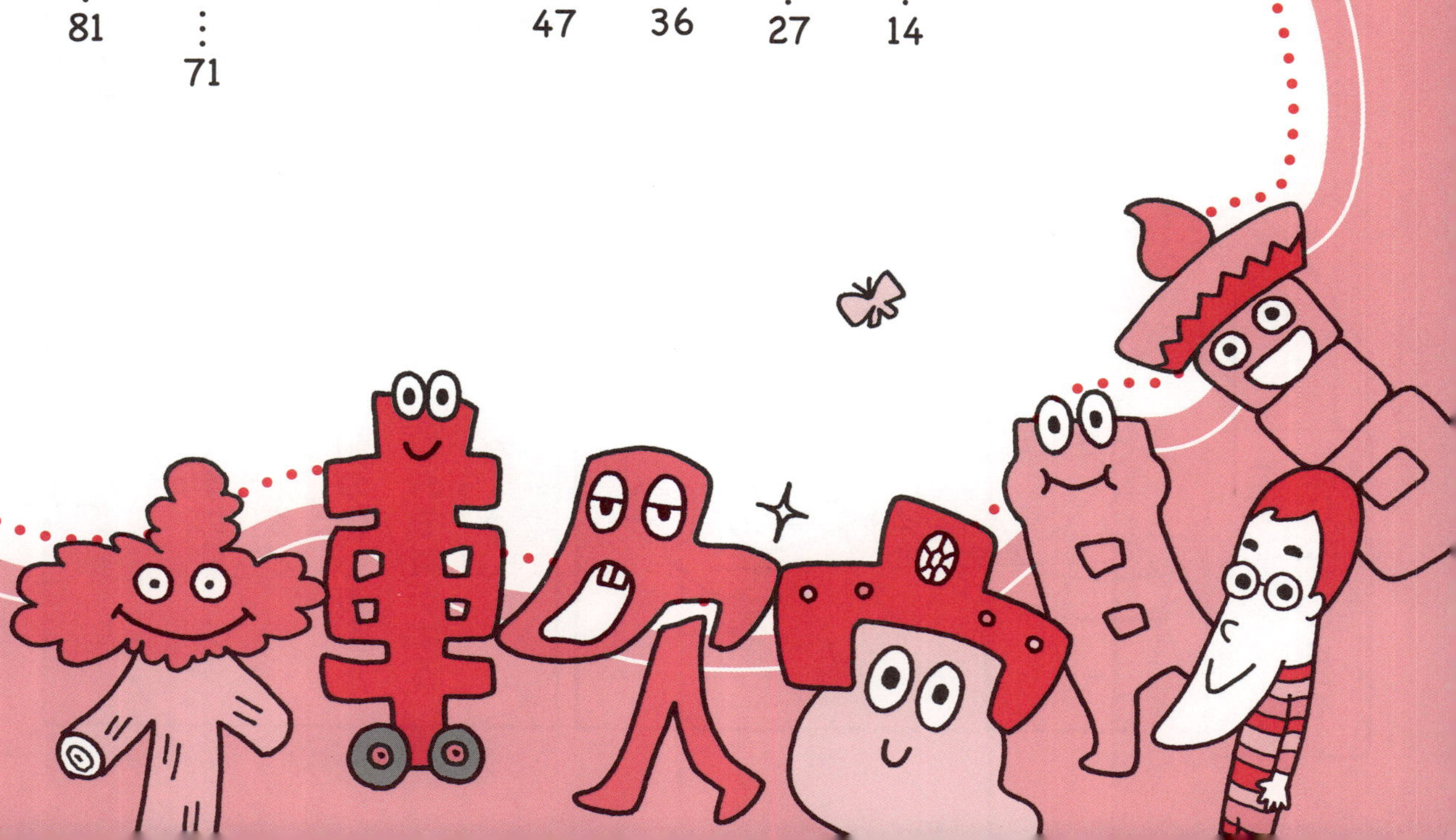

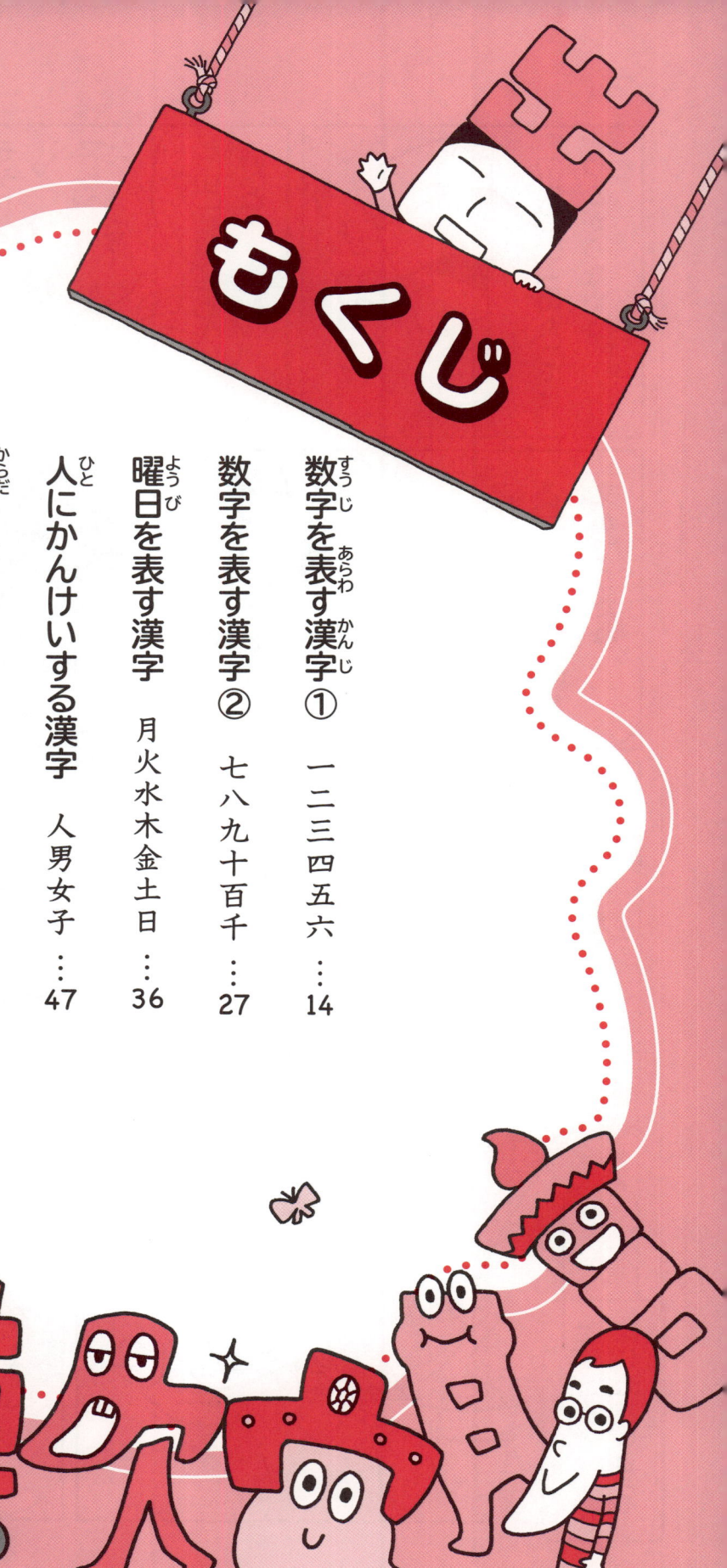

本《ほん》のおわりにテストがついてるよ!

★1年生《ねんせい》のおさらい ①～④

ここでは、漢字《かんじ》の「書《か》きじゅん」「読《よ》み」「書き」そして「意味《いみ》」を学習するよ。

読みといっしょに意味を学習しよう。

書きじゅんと文字《もじ》のバランスをいしきして、五回練習《ごかいれんしゅう》しよう。
書きじゅんを正《ただ》しくおぼえることは、とても大切《たいせつ》なことなんだよ。いったんまちがえておぼえてしまうと、なかなか自分《じぶん》で直《なお》せないものだから、ここでしっかりおぼえよう。

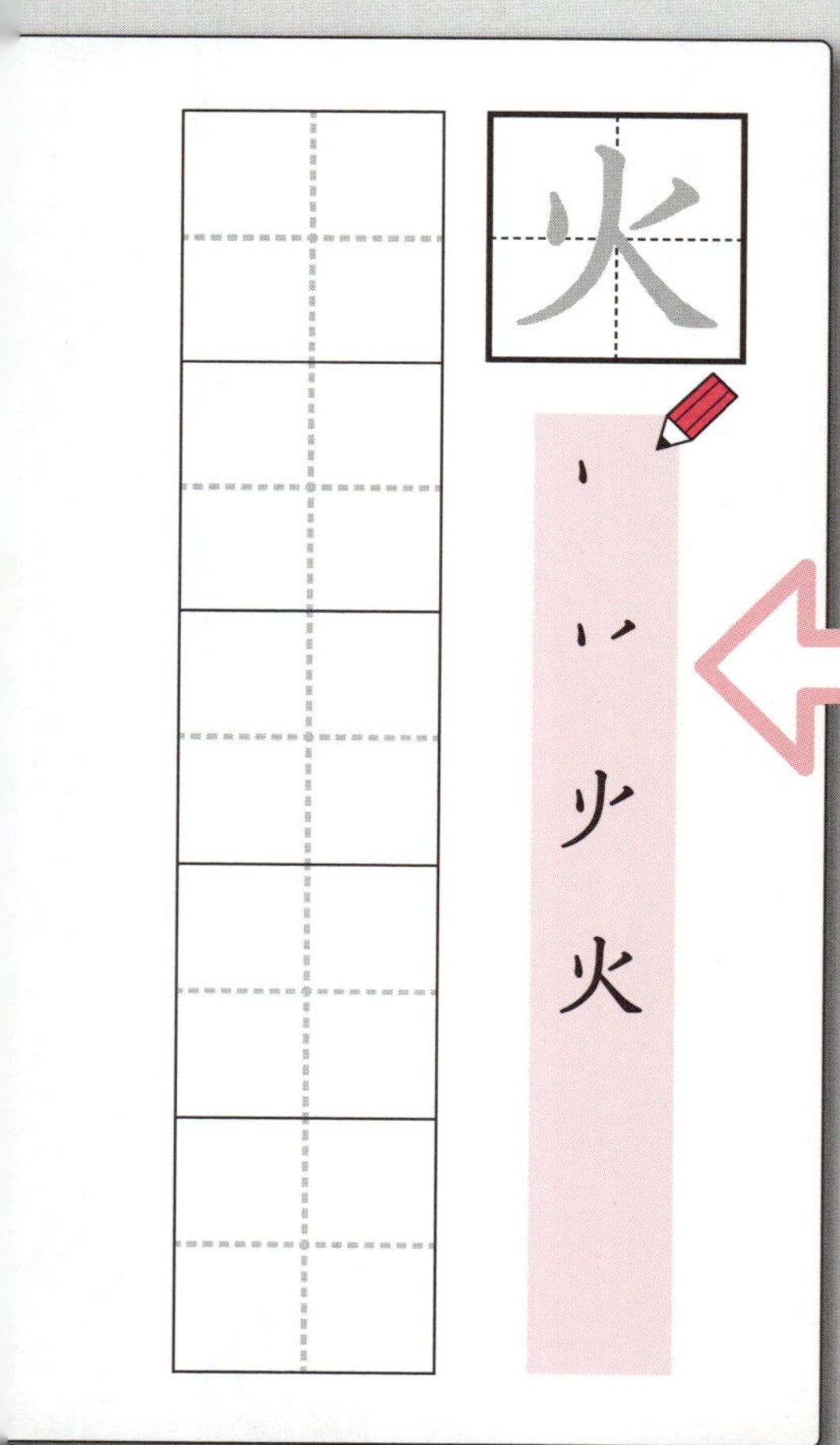

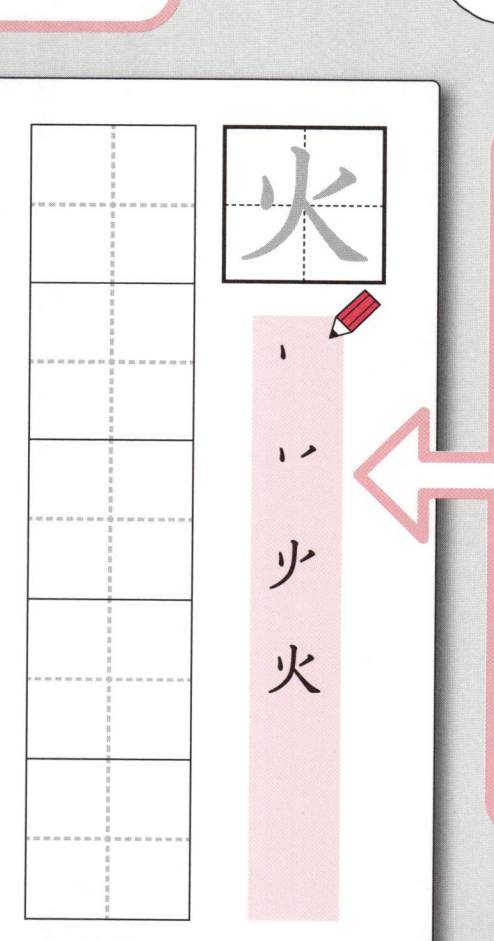

いくら漢字が書けても、意味を知《し》らなければじっさいに使《つか》うことができないんだ。だから、実《じつ》は一番《いちばん》大切なのは意味なんだよ。

訓読《くんよ》みは その漢字の意味を表《あらわ》しているから、読みをおぼえれば、それがそのまま意味になるものがほとんどだよ。

「＊」は小学校《しょうがっこう》では習《なら》わない読み方。

音《おん》読み

カ

□カ曜《よう》日《び》に□カ事《じ》があった。

訓《くん》読み

ひ　＊ほ

□ひの近《ちか》くで遊《あそ》んではいけない。

どんな文《ぶん》の中《なか》でどんな意味で使われているのか、たしかめよう。書きこむときは、ていねいに書こうね。

数字《すうじ》を表《あらわ》す漢字《かんじ》①

STEP 1

書《か》き方《かた》と読《よ》み方《かた》をおぼえましょう。

一《ひと》つ、二《ふた》つなど、数《かず》を表すだけでなく、一位《いちい》、二位《にい》など、じゅんばんを表すこともあります。

後《うし》ろにつく言葉《ことば》によって、使《つか》える言葉と使えない言葉とがあるので、気《き》をつけましょう。たとえば、「一番《いちばん》すきな」とは言《い》えますが、「二番すきな」とは言えません。この場合《ばあい》は「二番目《にばんめ》にすきな」となります。

一

一

音《おん》読み　イチ　イツ

運動会《うんどうかい》で□《イチ》位《い》になった。

訓《くん》読み　ひと　ひと-つ

アメを□《ひと》つもらった。

二

一 二

音《おん》読み　ニ

ぼくの部屋《へや》は□《ニ》階《かい》にある。

訓《くん》読み　ふた　ふた-つ

帰《かえ》り道《みち》は□《ふた》通《とお》りある。

三

一 二 三

音《おん》読み　サン

わたしは□《サン》人兄弟《にんきょうだい》だ。

訓《くん》読み　み　み-つ　みっ-つ

今夜《こんや》のお月《つき》さまは□《み》日月《かづき》だ。

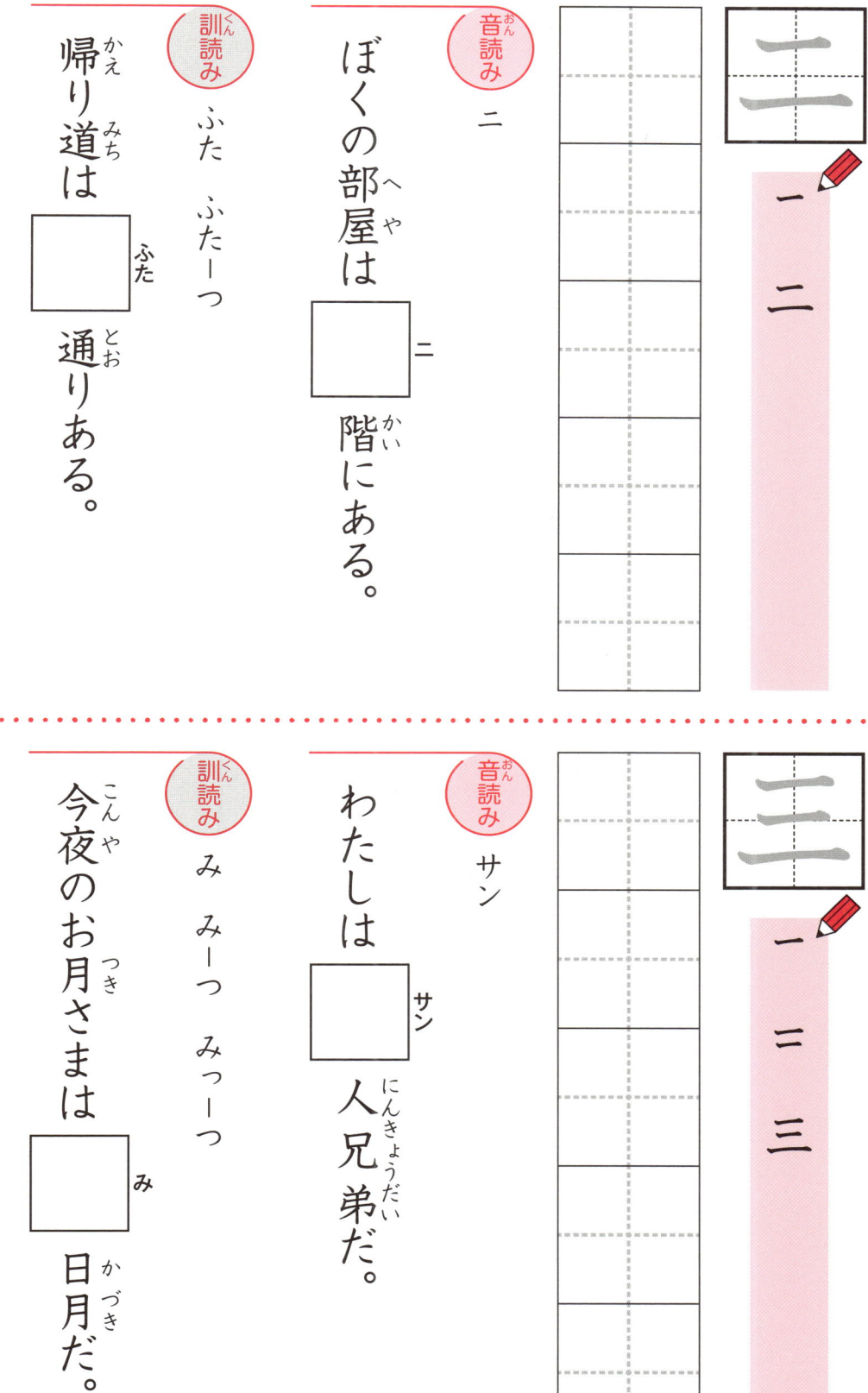

四

丨 冂 罒 四 四

音《おん》読み　シ

ハンカチを□《シ》角《かく》にたたむ。

訓《くん》読み　よ　よーつ　よっーつ　よん

□《よ》つ葉《ば》のクローバーを見《み》つけた。

五

一 丁 五 五

音《おん》読み　ゴ

ぼくのお姉《ねえ》さんは□《ゴ》年生《ねんせい》だ。

訓《くん》読み　いつ　いつーつ

五月《ごがつ》□《いつ》日《か》はこどもの日《ひ》だ。

六

丶 亠 亣 六

音読《おん》み
ロク

学校《がっこう》でうさぎを□《ロク》羽《わ》かっている。

訓読《くん》み
む　む-つ　むっ-つ　むい

□《むっ》つ目《め》のバスていでおりる。

日《ひ》にちの読《よ》み方《かた》をおぼえよう。

一日（ついたち）
二日（ふつか）
三日（みっか）
四日（よっか）
五日（いつか）
六日（むいか）
七日（なのか）
八日（ようか）
九日（ここのか）
十日（とおか）
二十日（はつか）

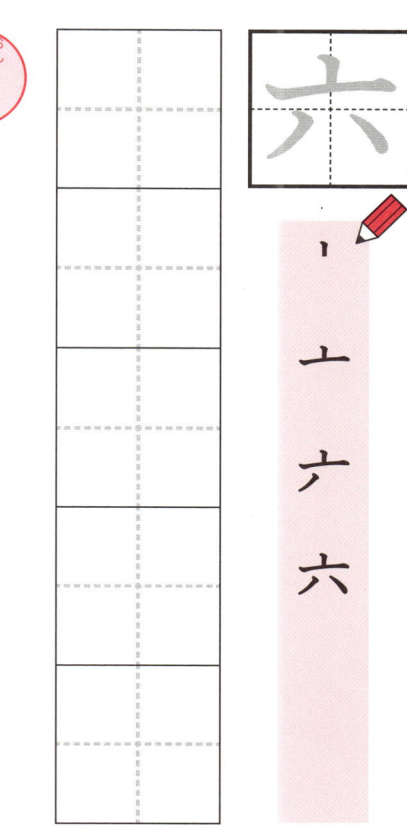

読《よ》みから考《かんが》える問題《もんだい》

数字《すうじ》を表《あらわ》す漢字《かんじ》では、「読み」を頭《あたま》において考えよう。

たとえば「二《に》」という漢字だけど、「二」と「ふた-つ」という読み方《かた》があるね。

例《れい》を見てみよう。

例　ごはんを（　　）はい食《た》べた。

イチ　ニ　サン

この文だけでは、ごはんを何《なん》はい食べたかは分《わ》からないけれど、読み方を考えると、「イチ」「サン」は「イッぱい」「サンばい」で、「イチはい」「サンはい」とは言《い》わないよね。でも、「ニはい」と言うことはできるよ。

こんなふうに、同《おな》じ漢字でも前後《ぜんご》につく言葉《ことば》によって、読み方がいろいろかわるんだ。

では、問題をといてみよう！

STEP 2 文《ぶん》に合《あ》う言葉《ことば》をえらびましょう。

問《とい》（　）に合うカタカナをえらび、漢《かん》字《じ》に直《なお》して書《か》きましょう。

① （　）人で食《しょく》事《じ》をした。

イチ　ニ　ヨ

□

② （　）番《ばん》すきな食《た》べ物《もの》は何《なん》ですか？

イチ　ニ　サン

□

③ ごはんは（　）食《しょく》しっかり食《た》べよう。

サン　ヒト　ムイ

□

④ ネコを（　）ひきかっている。

ゴ　サン　イッ

□

「ひき」がポイントだよ。

⑤ ぼくの身《しん》長《ちょう》はクラスで（　）番目《ばんめ》に高《たか》い。

ロク　イッ　シ

□

⑥ 水が（　　）方《ほう》にとびちった。

サン　シ　ゴ

あちこちまわりに
水がとびちったんだね。

□

⑦ おかしを（　　）つ、いかがですか？

ヒャク　ヒト　ジュウ

□

⑧ （　　）度《ど》としてはいけない。

イチ　ニ　サン

□

⑨ すきな食《た》べ物《もの》が（　　）つある。

ムッ　トオ　ヒャク

□

⑩ （　　）人はなかよしだ。

ヒト　フタ　シ

□

⑪ かみを（　　）つあみにした。

ヒト　ミ　イツ

□

⑫ （　）日《か》に遊園地《ゆうえんち》に行《い》く。

イチ　ナナ　イツ

□

⑬ なわとびが（　）回《かい》しかとべなかった。

イッ　ミッ　ヨッ

□

⑭ 妹《いもうと》の目はぱっちり（　）重《え》だ。

ム　フタ　ヨ

□

言葉《ことば》をならべかえて文《ぶん》を作《つく》る問題《もんだい》

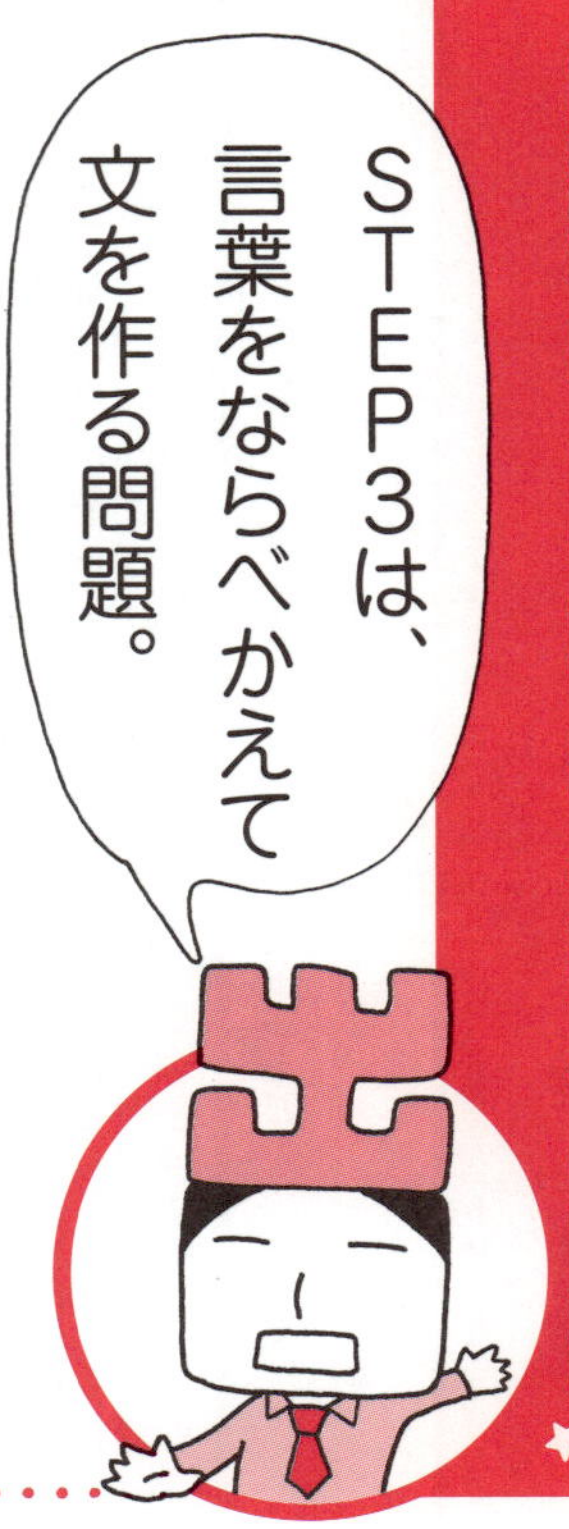
STEP3は、言葉をならべかえて文を作る問題。

例《れい》を見《み》てみよう。

例

シ|月から　ぼくは　小学生だ　今年《ことし》の

［　］(~は・が)［　］［　］［　］(~だ・する)。

空所《くうしょ》の右《みぎ》に「~は・が」「~する・だ」とあるよ。これは、文の一番大切《いちばんたいせつ》な言葉が入《はい》るところなんだよ。だから、まずはここから考《かんが》えていこう。

「~だ・する」にあてはまるのは、「小学生だ」だね。

［　］(~は・が)［　］［　］［小学生だ］(~だ・する)。

次《つぎ》に「~は・が」には、「ぼくは」が入るね。

［ぼくは］(~は・が)［　］［　］［小学生だ］(~だ・する)。

のこったのは「シ|月から」と「今年の」。

「小学生だ」につながるのは「シ|月から」。

「今年の→小学生だ」だとおかしいもんね。

では、「今年の」は何《なに》につながるかというと、「今年の→シ月」となるね。

だから答《こた》えは、

ぼくは（～は・が）　今年の　四月から　小学生だ（～だ・する）。

となるんだ。

「四」という漢字《かんじ》の練習《れんしゅう》だから、空所の中《なか》に書《か》きこむときは、線《せん》のついているカタカナは漢字に直《なお》して書こう。

「今年」には「ことし」とふりがながついているけど、ふりがながついている漢字は、まだ習《なら》わない漢字だから、ひらがなで書いてもいいんだよ。

こんなふうに、どんなじゅんばんに言葉をならべるかを考えるんだよ。どの言葉が一番大切な言葉なのか、どの言葉とどの言葉がつながるのかを考えながら練習していこう。

では、問題をといてみよう！

STEP 3

言葉《ことば》のきまりを守《まも》って文《ぶん》を作《つく》りましょう。

問《とい》　言葉をならべかえて文を作りましょう。線《せん》のついているカタカナは漢字《かんじ》に直《なお》して書《か》きましょう。（ふりがながついている漢字はひらがなで書いてもかまいません。）

①　なった　お姉《ねえ》さんは　わたしの　ロク年生に

□　□（～は・が）　□　□（～だ・する）。

②　ペンを　わたしは　買《か》った　ヨン色《しょく》セットの

□（～は・が）　□　□　□（～だ・する）。

③ ヒトつの　わたしは　食《た》べた　リンゴを　さいごの

（〜は・が）（　）（　）（　）（〜だ・する）。

④ ぼくは　この　見た　サン回《かい》　えいがを

（　）（　）（〜は・が）（　）（〜だ・する）。

⑤ 空いている　二番目《ばんめ》の　せきが　前《まえ》から

（　）（　）（〜は・が）（〜だ・する）。

⑥ 年下の　いる　ゴさい　弟《おとうと》が　ぼくには

～は・が

～だ・する

。

⑦ お父《とう》さんは　わたしの　サン代目《だいめ》だ　すし屋《や》の

～は・が

～だ・する

。

数字《すうじ》を表《あらわ》す漢字《かんじ》②

STEP 1

書《か》き方《かた》と読《よ》み方をおぼえましょう。

ここでは、大《おお》きな数字を学習《がくしゅう》します。「百《ひゃく》」は百点《てん》、百パーセントなど、ぜんぶという意味《いみ》で使《つか》われることが多《おお》いのです。

「百」よりももっと大きな数《かず》が「千《せん》」です。たとえば、百円玉《えんだま》を十《じっ》こ集《あつ》めて、ようやく千円さつとかえることができます。

七

一 七

音《おん》読み　シチ

□《シチ》五三《ごさん》で着物《きもの》を着《き》た。

訓《くん》読み　なな　ななーつ　なの

遊園地《ゆうえんち》に行《い》くのは□《なな》回目《かいめ》だ。

八

ノ 八

音読《おんよ》み

ハチ

毎日《まいにち》□《ハチ》時《じ》におふろに入《はい》る。

訓読《くんよ》み

や　やーつ　やっーつ　よう

ひまわりのたねを□《やっ》つまいた。

九

ノ 九

音読《おんよ》み

キュウ　ク

わたしは□《キュウ》人家族《にんかぞく》だ。

訓読《くんよ》み

ここの　ここのーつ

母《はは》は指《ゆび》わを□《ここの》つ持《も》っている。

十

一 十

音《おん》読み　ジュウ　ジッ　ジュッ

プリントを□《ジュウ》まい配《くば》る。

訓《くん》読み　とお　と

あと□《とお》日《か》で遠足《えんそく》だ。

百

一 丆 丆 百 百 百

音《おん》読み　ヒャク

テストで□《ヒャク》点《てん》をとった。

千

一 二 千

音読《おんよ》み セン

[　]セン円《えん》の本《ほん》を買《か》う。

訓読《くんよ》み ち

紙人形《かみにんぎょう》の着物《きもの》を[　]ち代紙《よがみ》で作《つく》る。

いろいろな読《よ》み方《かた》をおぼえよう。

●「百」の三つの読み方

二百メートル（にひゃく）

三百グラム（さんびゃく）

四百回《かい》（よんひゃっ）

●「千」の二つの読み方

五千メートル（ごせん）

三千円（さんぜん）

●その他《ほか》の読み方

七夕（たなばた）

八百屋（やおや）

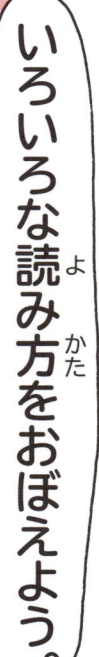

STEP 2

文《ぶん》に合《あ》う言葉《ことば》をえらびましょう。

問《とい》（　）に合うカタカナをえらび、漢《かん》字《じ》に直《なお》して書《か》きましょう。

① （　）円玉を持《も》っている。
サン　ヒャク　セン
□

② ぼくのまゆは（　）の字だ。
サン　ゴ　ハチ
□

③ （　）色《いろ》のにじが出た。
ゴ　ナナ　ヒャク
□

④ （　）時《じ》におやつを食《た》べる。
セン　ジュウ　ヒャク
□

⑤ 十引《ひ》く（　）は一だ。
イチ　ゴ　キュウ
□

⑥ 七五三のおいわいで（　　）とせあめを買《か》ってもらった。

ゴ　ヤ　チ

⑦（　　）月には夏休《なつやす》みが始《はじ》まる。

イチ　ゴ　シチ

⑧ ぼくは来年《らいねん》（　　）つになる。

ヤッ　トオ　ニ

⑨（　　）日にしんせきが来《く》る。

イチ　ココノ　ヒャク

⑩ けがをして（　　）日たった。

ゴ　サン　トオ

⑪（　　）円はらっておつりを百円もらった。

ジュウ　ヒャク　セン

STEP 3 言葉《ことば》のきまりを守《まも》って文《ぶん》を作《つく》りましょう。

問《とい》 言葉をならべかえて文を作りましょう。線《せん》のついているカタカナは漢字《かんじ》に直《なお》して書《か》きましょう。（ふりがながついている漢字はひらがなで書いてもかまいません。）

① 一番《いちばん》　きせつだ　ハチ月は　暑《あつ》い

～は・が

～だ・する

。

② おさいふを　五セン円が　ひろった　わたしは　入った

～は・が

～だ・する

。

③

ナナさいに　犬は　なった　うちの

～は・が

～だ・する

。

④

男の子が　クラスには　ぼくの　いる　ジュウ人

～は・が

～だ・する

。

⑤

ぼくは　問題《もんだい》を　ヒャク問《もん》　といた　算数《さんすう》の

～は・が

～だ・する

。

⑥ キュウ人で　スポーツだ　野球《やきゅう》は　やる

（～は・が）

（～だ・する）。

⑦ マンションの　住《す》んでいる　ぼくは　ジッかいに

（～は・が）

（～だ・する）。

曜日《ようび》を表《あらわ》す漢字《かんじ》

STEP 1

書《か》き方《かた》と読《よ》み方《かた》をおぼえましょう。

曜日を表す漢字は、空《そら》にうかぶ月《つき》から始《はじ》まって、日《ひ》（太陽《たいよう》）で終《お》わります。火《ひ》、水《みず》、木《き》はわたしたちにとってかかせないものですね。金《きん》は金ぞくやお金《かね》を表すし、土《つち》もなくてはならないものです。

このように大切《たいせつ》なものの名前《なまえ》を、昔《むかし》の人は曜日にあてたのです。

月

ノ　刀　月　月

音読《おん》み　ゲツ　ガツ

一《いち》□《ガツ》

一日《ついたち》は□《ゲツ》曜日《ようび》だった。

訓読《くん》み　つき

今日《きょう》の□《つき》はとてもきれいだ。

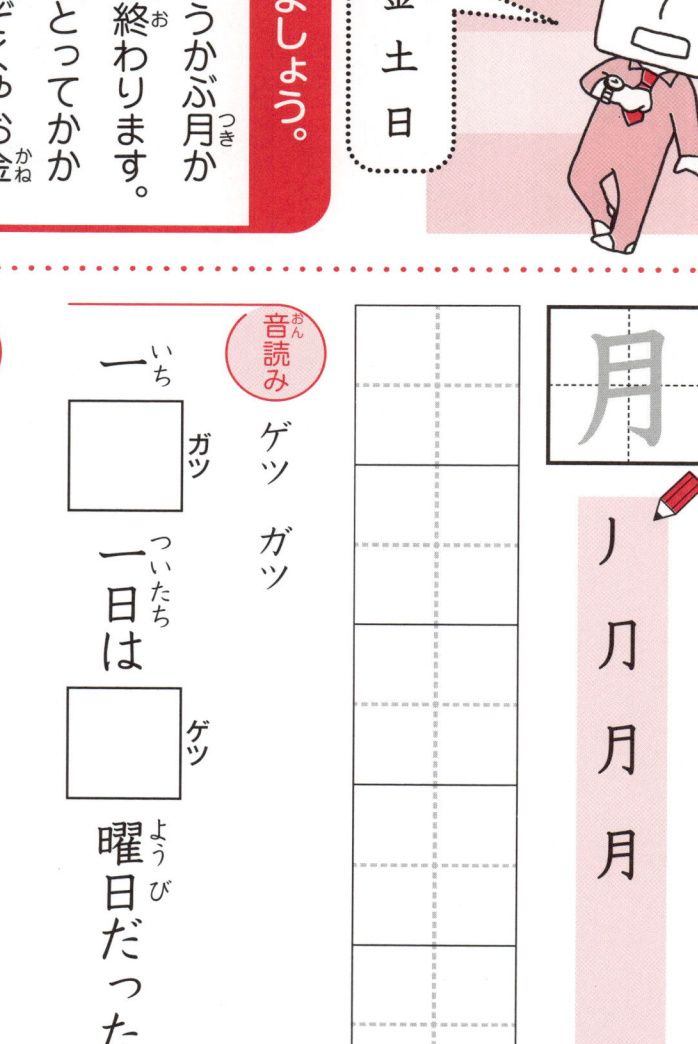

火

丶 丷 火 火

音《おん》読み　カ

□（カ）曜《よう》日《び》に□（カ）事《じ》があった。

訓《くん》読み　ひ　＊ほ

□（ひ）の近《ちか》くで遊《あそ》んではいけない。

水

亅 刁 水 水

音《おん》読み　スイ

□（スイ）曜《よう》日《び》は□（スイ）泳《えい》がある。

訓《くん》読み　みず

海《うみ》の□（みず）はしおからい。

木

一 十 才 木

音読《おんよ》み　ボク　モク

大《たい》□《ボク》を切《き》るのは□《モク》曜《よう》日《び》だ。

訓読《くんよ》み　き　こ

校庭《こうてい》に大《おお》きな□《き》がある。

金

ノ 入 今 今 全 余 金 金

音読《おんよ》み　キン　コン

□《キン》曜《よう》日《び》にちょ□《キン》をおろす。

訓読《くんよ》み　かね　かな

さいふにお□《かね》をしまう。

土

一 十 土

音読《おん》み　ド　ト

□《ド》曜日《ようび》にねん□《ド》で遊《あそ》んだ。

訓読《くん》み　つち

□《つち》遊《あそ》びの後《あと》は手《て》をあらう。

日

丨 冂 日 日

音読《おん》み　ニチ　ジツ

元《がん》□《ジツ》は□《ニチ》曜日《ようび》だった。

訓読《くん》み　ひ　か

山《やま》の上《うえ》で□《ひ》の出《で》を見《み》る。

今日《きょう》は三月三《さんがつみっ》□《か》だ。

意味《いみ》から考《かんが》える問題《もんだい》

さあ、ここからは漢字《かんじ》の「意味」から問題をといていこう。

文《ぶん》の中で、どの漢字の意味がうまくあてはまるか考えるんだよ。

例《れい》を見《み》てみよう。

例 雨《あめ》で（　）びたしだ。

ヒ　ミズ　キ

雨がふったらどうなるか、考えてごらん。

雨がふることと、火《ひ》や木《き》とはかんけいがないよね。でも、雨がふったら「水《みず》」にぬれるね。

それと（　）の後《あと》の「びたし」という言葉《ことば》とつながることができるのも「水」しかないんだよ。

こんなふうに、言葉は他《ほか》の言葉とのつながりで使《つか》われるものだから、何《なに》があてはまるかを意味から考えることが大切《たいせつ》だよ。

では、問題をといてみよう！

STEP 2

文《ぶん》に合《あ》う言葉《ことば》をえらびましょう。

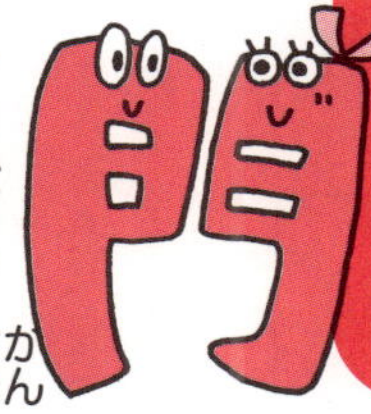

問《とい》（　）に合うカタカナをえらび、漢《かん》字《じ》に直《なお》して書《か》きましょう。

① （　）とうに氷《こおり》を入れる。

ゲツ　スイ　ボク

□

② お正（　）にはたこあげをする。

ガツ　カ　スイ

□

③ 黄《おう》（　）のかんむりをかぶる。

キ　ゴン　ツチ

□

④ 線《せん》こう花（　）をした。

ツキ　ビ　ミズ

□

⑤ （　）たまりをふんだ。

ツキ　ヒ　ミズ

□

⑥ （　　）登《のぼ》りをした。

ツキ　ヒ　キ

□

⑦ 朝《あさ》のさん歩《ぽ》がぼくの（　　）かだ。

キン　ド　ニッ

□

まいにちさん歩をすると決《き》めているんだね。

⑧ （　　）手でつくしをつんだ。

キン　ド　ヒ

□

⑨ （　　）あかりがきれいだ。

ツキ　ヒ　ミズ

□

⑩ （　　）山がふんかした。

ゲツ　カ　モク

□

⑪ 大（　　）持《も》ちになりたいな。

ガネ　ミズ　ツキ

□

⑫（　　　）の当《あ》たる坂道《さかみち》を歩《ある》いた。

カネ　ツチ　ヒ

□

⑬（　　　）の中からみみずが顔《かお》を出した。

カネ　ツチ　ヒ

□

⑭ぼくの家《いえ》は（　　　）ぞうの二かいだてだ。

スイ　モク　キン

□

STEP 3 言葉《ことば》のきまりを守《まも》って文《ぶん》を作《つく》りましょう。

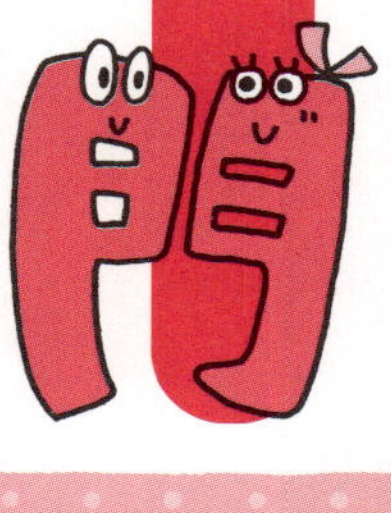

問《とい》　言葉をならべかえて文を作りましょう。線《せん》のついているカタカナは漢字《かんじ》に直《なお》して書《か》きましょう。（ふりがながついている漢字はひらがなで書いてもかまいません。）

① コンロの　強《つよ》くした　カカを　お母《かあ》さんは

□（～は・が）□ □ □（～だ・する）。

② なった　バケツを　ミズびたしに　たおして　ろう下が

□ □ □（～は・が）□ □（～だ・する）。

③ かかっていた　空には　まんゲツが　大きな

~は・が

~だ・する

。

④ 生えている　庭《にわ》には　たくさん　キが　お寺《てら》の

~は・が

~だ・する

。

⑤ あらう　後《あと》は　遊《あそ》んだ　ねんドで　手を

~だ・する

。

⑥ キンぴかの　着《き》た　ぼくは　服《ふく》を

~は・が

~だ・する

。

⑦ 旅行《りょこう》に　決《き》めた　お父《とう》さんは　行《い》く　ニチ時《じ》を

~は・が

~だ・する

。

人《ひと》にかんけいする漢字《かんじ》

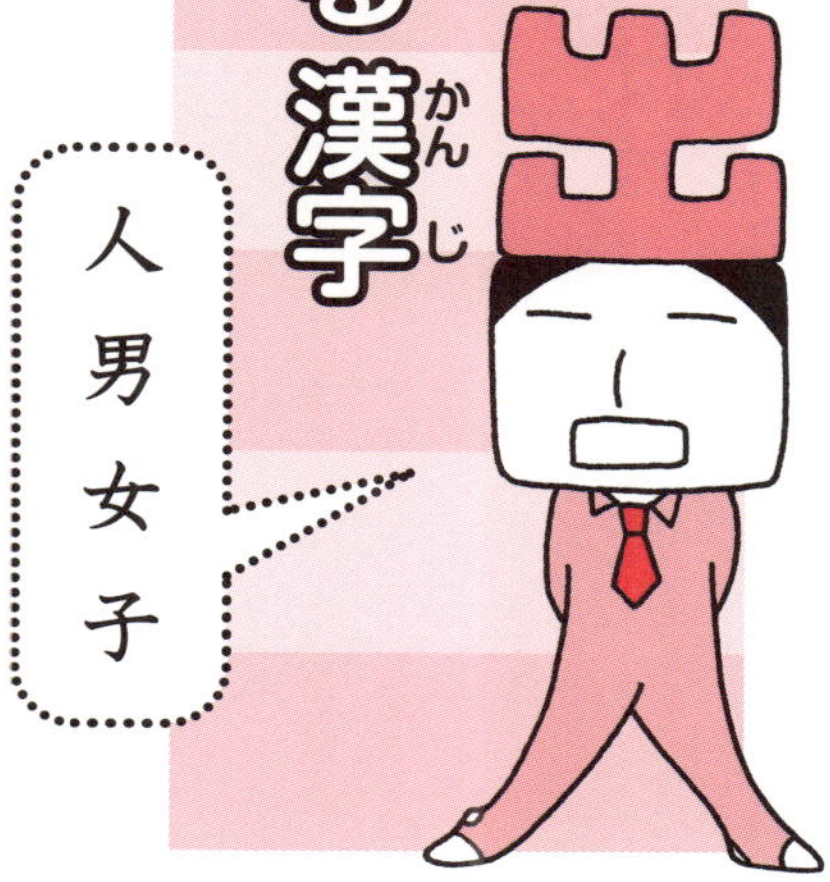

STEP 1

書《か》き方《かた》と読《よ》み方《かた》をおぼえましょう。

まわりの人を見てください。「男《おとこ》」か「女《おんな》」か、「大人《おとな》」か「子《こ》ども」か。あなたは「子ども」ですが、「男」ですか？「女」ですか？

これらぜんぶをふくんで、表《あらわ》しているのが「人」です。

このように人を表す漢字はみぢかな言葉《ことば》であり、ふだんからよく使《つか》われるものなのです。

人

ノ 人

音読《おんよ》み　ジン　ニン

主《しゅ》□《ジン》公《こう》は三《さん》□《ニン》いる。

訓読《くんよ》み　ひと

黒《くろ》い□《ひと》かげが見《み》えた。

男

一 口 四 田 田 男 男

音読《おん》み
ダン　ナン

ダン
□子《し》は青《あお》いはちまきをしめる。

ぼくは長《ちょう》
ナン
□だ。

訓読《くん》み
おとこ

たんにんの先生《せんせい》は
おとこ
□だ。

女

く 女 女

音読《おん》み
ジョ　＊ニョ　＊ニョウ

ジョ
□子《し》は赤《あか》いはちまきをしめる。

訓読《くん》み
おんな　＊め

おんな
□の子《こ》が生《う》まれた。

子

フ了子

音読《おん》み　シ　ス

ぼくはさむらいの□《シ》そんだ。

訓読《くん》み　こ

□《こ》どもだけで公園《こうえん》に行《い》く。

STEP 2

文《ぶん》に合《あ》う言葉《ことば》をえらびましょう。

問《とい》　（　）に合うカタカナをえらび、漢《かん》字《じ》に直《なお》して書《か》きましょう。

① （　）前《まえ》で話《はな》すのが苦手《にがて》だ。

オトコ　テ　ヒト

□

② かわいい少《しょう》（　）だ。

ナン　シ　ジョ

□

③ ぼくは次《じ》（　）だ。

ジョ　ナン　シ

□

④ 相手《あいて》の様《よう》（　）をうかがう。

ス　ニン　ナン

□

⑤ お姉《ねえ》さんは（　）気《き》者《もの》だ。

ジョ　ニン　ダン

□

⑥ 君《きみ》は（　　）前《まえ》だね。

オンナ　ヒト　オトコ

かっこいい人のこと。

⑦ 音楽《おんがく》は（　　）の先生だ。

オンナ　ヒト　コ

⑧ （　　）どもだけで出かけるのはあぶない。

オンナ　コ　ヒト

STEP 3

言葉《ことば》のきまりを守《まも》って文《ぶん》を作《つく》りましょう。

問《とい》　言葉をならべかえて文を作りましょう。線《せん》のついているカタカナは漢字《かんじ》に直《なお》して書《か》きましょう。（ふりがながついている漢字はひらがなで書いてもかまいません。）

① ニン間《げん》　作《つく》った　ロボットを　そっくりの　ぼくは

［　　］～は・が　［　　］　［　　］　［　　］　［　　］～だ・する　。

② ほうです　トイレは　あちらの　ダンせいの

［　　］　［　　］～は・が　［　　］　［　　］～だ・する　。

③ 人が　おなかの　オンナの　いる　大きな

～は・が

～だ・する

。

④ ときに　一年生の　そのコは　転校《てんこう》してきた

～は・が

～だ・する

。

体《からだ》を表《あらわ》す漢字《かんじ》

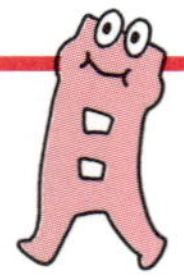

STEP 1

書《か》き方《かた》と読《よ》み方《かた》をおぼえましょう。

わたしたちの体を表す漢字は、とてもみぢかなものなので、いろいろなひょうげんに使《つか》われます。

たとえば、「手《て》」は「ねこの手もかりたい」。わたしたちは手を使って用事《ようじ》をするのですが、本当《ほんとう》にいそがしいときは、ねこの手もかりたくなるのです。他《ほか》にもどんなひょうげんがあるのか、考《かんが》えてみてください。

手

一 二 三 手

音《おん》読み　シュ

友《とも》だちとあく□《シュ》する。

訓《くん》読み　て　*た

じゅぎょう中《ちゅう》に□《て》をあげる。

足

丶 ロ ロ 𠯁 𠯇 𧾷 足

音読《おん》み　ソク

ここは土《ど》□《ソク》きんしです。

訓読《くん》み　あし　た-りる　た-る　た-す

あと百円《ひゃくえん》あれば□《た》りる。

目

丨 冂 月 月 目

音読《おん》み　モク　＊ボク

本《ほん》の□《モク》次《じ》を見《み》る。

訓読《くん》み　め　＊ま

□《め》の中《なか》にごみが入《はい》る。

耳

一 丅 F 𠃊 E 耳

音《おん》読《よ》み　*ジ

あしたは□《ジ》鼻科《びか》へ行《い》く。

訓《くん》読《よ》み　みみ

うさぎの□《みみ》は長《なが》い。

口

丨 冂 口

音《おん》読《よ》み　コウ　ク

日本《にほん》の人《じん》□《コウ》を調《しら》べる。

訓《くん》読《よ》み　くち

□《くち》を大《おお》きく開《あ》けて歌《うた》う。

STEP 2 文《ぶん》に合《あ》う言葉《ことば》をえらびましょう。

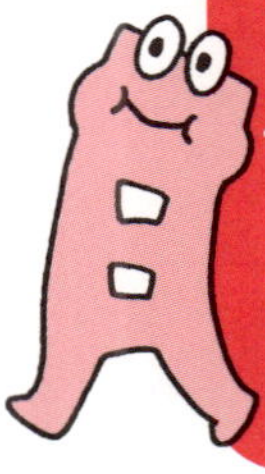

問《とい》（　）に合うカタカナをえらび、漢《かん》字《じ》に直《なお》して書《か》きましょう。

① わかれぎわに（　）をふった。

アシ　メ　テ

□

② 黒板《こくばん》に注《ちゅう》（　）する。

シュ　モク　コウ

□

③ きびしい（　）調《ちょう》でしかられた。

ク　モク　シュ

□

④ あしたは遠《えん》（　）だ。

モク　ソク　コウ

□

⑤ お母《かあ》さんは（　）がいたくなる話《はなし》をする。

メ　クチ　ミミ

□

自分でもまずいと思《おも》っているところをつかれることを「（　）がいたい」と言《い》う。

⑥ 先生に（　　）をかけてもらった。

クチ　テ　メ

□

かわいがって世話《せわ》をすることを「（　）をかける」と言《い》うんだ。

⑦ おばあさんは（　　）げい教室《きょうしつ》に行《い》った。

モク　コウ　シュ

□

⑧ 雪《ゆき》の上に（　　）あとがのこった。

ミミ　メ　アシ

□

⑨ お父《とう》さんは「宿題《しゅくだい》はしたか」が（　　）ぐせだ。

テ　クチ　アシ

□

STEP 3 言葉《ことば》のきまりを守《まも》って文《ぶん》を作《つく》りましょう。

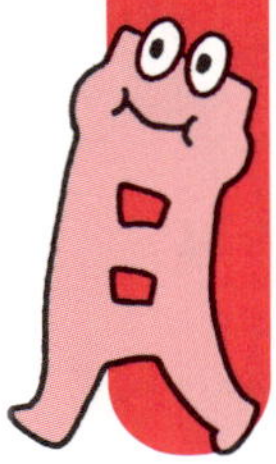

問《とい》　言葉をならべかえて文を作りましょう。線《せん》のついているカタカナは漢字《かんじ》に直《なお》して書《か》きましょう。（ふりがながついている漢字はひらがなで書いてもかまいません。）

① あらいを　お皿《さら》　わたしは　テつだっている　毎日《まいにち》

□　□～は・が　□　□　□～だ・する　。

② まんゾクだ　おなかが　なって　いっぱいに

□　□　□　□～だ・する　。

③ 言《い》う　口ほどに　メは　ものを

これはことわざで、「めつきだけで、話《はな》すのと同《おな》じくらい気持《きも》ちをつたえることができる」という意味《いみ》だよ。

～は・が

～だ・する

。

④ のこっている　言葉《ことば》が　ミミに　先生《せんせい》の

～は・が

～だ・する

。

⑤ **クチ**数《かず》が　おじいさんは　少《すく》ない　ぼくの

~は・が

~だ・する

。

⑥ **テアシ**が　お姉《ねえ》さんは　長い　モデルの

~は・が

~だ・する

。

生物《せいぶつ》を表《あらわ》す漢字《かんじ》

犬 虫 貝 草 花 竹

STEP 1

書《か》き方《かた》と読《よ》み方《かた》をおぼえましょう。

命《いのち》を持《も》つ動物《どうぶつ》や植物《しょくぶつ》の名前《なまえ》です。どんな動物や植物なのか思《おも》いうかべてみましょう。

またこれらの漢字は、これから習《なら》う漢字の一部《いちぶ》（へん・つくり）にもなります。「貝《かい》」という言葉《ことば》ですが、「金貨《きんか》」「貯金《ちょきん》」という漢字の中《なか》に入《はい》っているのが分《わ》かりますか？「竹《たけ》」も、「答《こた》え」「汽笛《きてき》」という漢字の中に入っていますね。

犬

一 ナ 大 犬

音《おん》読み

ケン

となりの家《いえ》の番《ばん》□《ケン》がこわい。

訓《くん》読み

いぬ

□《いぬ》をつれてさん歩《ぽ》に行《い》く。

みらいを創る子どもたちのために

出口式 みらい学習教室

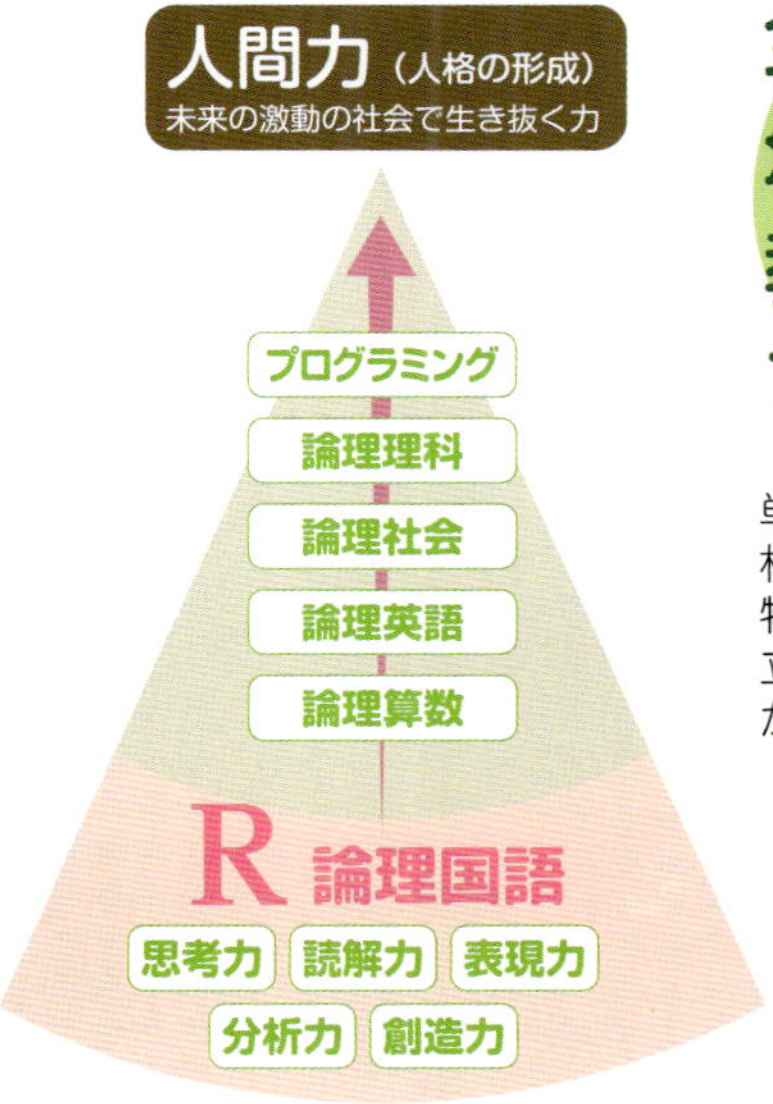

全く新しい幼児と児童の教室ができました！

単に「算数」や「国語」の枠にとどまらず、すべての物事について論理的に筋道を立てて考えられる真の人間力が身につきます。

- 自ら課題を発見し解決できる力
- 国際的な視野で積極的に行動できる力
- AIを駆使して創造的な仕事をこなせる力

「いま必要なのは、未来の社会を生き抜く力。」

出口式みらい学習教室はここがちがいます！

Rろんり

究極の論理教育

論理教育の第一人者 出口汪が開発したオリジナル教材を使用。学校の授業とは根本的に異なる、より論理的でより実践的な知力と思考力を身につける教育をおこないます。

教わるのではなく、自ら学ぶ

自ら学び、自ら考える指導がメイン。用意された答えを与えるようなことはしません。自分で考え抜くことによって、学ぶ楽しさを実感し、真実を発見した子どもたちは目を輝かせるのです。

子どもと一緒に親も学ぶ

出口式みらい学習教室の最大の特色と言えるのが、保護者も一緒に授業を受けていただくこと。単なる付き添いではなく、しっかりカリキュラムに取り組んでいただきます。
お子様の成長を目の当たりにしながら、新鮮な学びに刺激を受け､「楽しさ」や「必要性」を実感していただきます。

お近くの教室はこちらから
https://www.deguchi-mirai.jp/

出口式 みらい学習教室
本部事務局
〒160-0023 東京都新宿区西新宿6-15-1-511
【電話】03-6911-1850 【FAX】03-5909-8921
【Mail】info@deguchi-mirai.jp

虫

丨 冂 口 中 虫 虫

音《おん》読み　チュウ

こん□《チュウ》はかせになりたい。

訓《くん》読み　むし

かぶと□《むし》をつかまえる。

貝

丨 冂 月 月 目 貝 貝

訓《くん》読み　かい

□《かい》で首《くび》かざりを作《つく》った。

草

一 十 艹 艹 芇 芇 苩 荁 草

音《おん》読み　ソウ

シカは□《ソウ》食動物《しょくどうぶつ》だ。

訓《くん》読み　くさ

庭《にわ》の□《くさ》をぬく。

花

一 十 艹 艹 艹 艹 芢 花

音《おん》読み　カ

□《カ》だんにチューリップを植《う》える。

訓《くん》読み　はな

さくらの□《はな》びらがまう。

竹

ノ　𠂉　𠂊　𠂊丿　𥫗　竹

音《おん》読み

チク

□《チク》林《りん》の中《なか》を歩《ある》く。

訓《くん》読み

たけ

□《たけ》とんぼをとばして遊《あそ》ぶ。

STEP 2

文《ぶん》に合《あ》う言葉《ことば》をえらびましょう。

問《とい》（　）に合うカタカナをえらび、漢《かん》字《じ》に直《なお》して書《か》きましょう。

① 君《きみ》は弱《よわ》（　）だ。

イヌ　ムシ　クサ

② （　）がらを拾《ひろ》う。

ハナ　ムシ　カイ

③ ざっ（　）が生えている。

ケン　チュウ　ソウ

④ 子（　）がじゃれついた。

ムシ　ハナ　イヌ

⑤ うめが開《かい》（　）した。

カ　ソウ　チク

⑥ 野《や》（　）がほえた。

ケン　ソウ　カイ

⑦ （　）の子を食《た》べた。

ハナ　クサ　タケ

⑧ さっ（　）ざいをまく。

チュウ　ハナ　カイ

⑨ （　）むしりを手つだった。

ハナ　カイ　クサ

⑩ つんできたスミレをおし（　）にした。

バナ　グサ　ダケ

⑪ ぼくたちは（　）馬《ば》の友《とも》だ。

カ　チク　ソウ

小さいころからの友だちという意《い》味《み》だよ。

STEP 3 言葉《ことば》のきまりを守《まも》って文《ぶん》を作《つく》りましょう。

問《とい》 言葉をならべかえて文を作りましょう。線《せん》のついているカタカナは漢字《かんじ》に直《なお》して書《か》きましょう。（ふりがながついている漢字はひらがなで書いてもかまいません。）

① 大きな　わたしは　こわい　イヌが

［　　　］～は・が　［　　　］　［　　　］　［　　　］～だ・する　。

② ハナたばを　わたしは　きれいな　もらった

［　　　］～は・が　［　　　］　［　　　］　［　　　］～だ・する　。

③ お気に入りの 食《く》われた 服《ふく》が ムシに

～は・が

～だ・する

。

④ すきだ カイの お父《とう》さんは みそしるが

～は・が

～だ・する

。

⑤ たくさんの お母《かあ》さんは 知《し》っている ハナ言葉《ことば》を

～は・が

～だ・する

。

⑥

おばあさんは　作《つく》った　がゆを　七**クサ**

一月七日に七しゅるいの春《はる》の**クサ**を入れてたいたおかゆを食《た》べて、その年のけんこうをいのるんだよ。

～は・が

～だ・する

。

⑦

使《つか》う　**タケ**を　切《き》った　七夕祭《まつ》りで　ぼくは

～は・が

～だ・する

。

しぜんを表《あらわ》す漢字《かんじ》①

山 川 林 森 田 石

STEP 1

書《か》き方《かた》と読《よ》み方をおぼえましょう。

わたしたちが毎日目《まいにちめ》にしているけしきの中《なか》にある漢字《かんじ》です。

わたしたちの生活《せいかつ》に深《ふか》くかんけいしている漢字は、たくさんの意味《いみ》を持《も》っています。

少《すこ》しずつおぼえていきましょう。

山

丨 山 山

音《おん》読み　サン

□《サン》ちょうでお昼《ひる》ごはんを食《た》べる。

訓《くん》読み　やま

夏休《なつやす》みには□《やま》登《のぼ》りをする。

川

ノ　川　川

音読《おん》み　＊セン

雨《あめ》で河《か》□《セン》の水《みず》の量《りょう》がふえた。

訓読《くん》み　かわ

□《かわ》で魚《さかな》つりをする。

林

一　十　才　木　木一　村　材　林

音読《おん》み　リン

□《リン》道《どう》を自転車《じてんしゃ》で通《とお》る。

訓読《くん》み　はやし

□《はやし》の中《なか》で動物《どうぶつ》を見《み》かけた。

森

一 十 オ 木 本 杢 卒 柔 柔 森 森 森

音読《おん》み シン

地球《ちきゅう》の□《シン》林《りん》は毎年《まいとし》へっている。

訓読《くん》み もり

□《もり》の中《なか》でまいごになる。

田

丨 冂 冂 田 田

音読《おん》み デン

このあたりは水《すい》□《デン》ちたいだ。

訓読《くん》み た

□《た》んぼに水《みず》を入《い》れる。

石

一 丆 不 石 石

音読《おん》み

セキ　シャク　＊コク

ほう□《セキ》は金庫《きんこ》にしまってある。

訓読《くん》み

いし

道《みち》ばたに□《いし》が転《ころ》がっている。

くっつき言葉《ことば》の問題《もんだい》

言葉と言葉の間《あいだ》には、くっつき言葉があるんだ。

たとえば、「わたしは花《はな》がすきだ。」という文《ぶん》は、「は」「が」という言葉で「わたし」「花」「すきだ」という言葉をくっつけているね。

もし、このくっつき言葉がなければ、「わたし」「花」「すきだ」がばらばらになってしまって、文を作《つく》ることができないんだ。

例《れい》を見《み》てみよう。

例

教室《きょうしつ》の（　）□入った。

オオ　ナカ　チイ

「オオ」「ナカ」「チイ」を漢字《かんじ》で書《か》くと、「大」「中」「小」だね。教室に入るのだから、答《こた》えは「中」。

では、次《つぎ》に「教室の中」と「入った」をくっつける言葉を考《かんが》えよう。

そうすると、□には「に」が入ることが分《わ》かるんだ。

こんなふうに、□があったら、そこにくっつける言葉を入《い》れるんだよ。

では、問題をといてみよう！

STEP 2

文《ぶん》に合《あ》う言葉《ことば》をえらびましょう。

問《とい》（　）に合うカタカナをえらび、漢《かん》字《じ》に直《なお》して書《か》きましょう。□にはひらがな一字が入ります。うまく言葉がつながるように考《かんが》えて書きましょう。

① （　）油《ゆ》のねだんが上がっている。

サン　デン　セキ

② （　）んぼでいねかりをした。

ヤマ　カワ　タ

③ （　）□中をさん歩《ぽ》した。

カワ　タ　ハヤシ

④ （　）□リスを見つけた。

カワ　モリ　イシ

⑤ 物語《ものがたり》の（　）場《ば》でないた。

カワ　モリ　ヤマ

一番《いちばん》もりあがる大切《たいせつ》なところだよ。

⑥ 君《きみ》は（　）頭《あたま》だ。

ヤマ　モリ　イシ

物《もの》分《わ》かりが悪《わる》くてがんこなこと。

⑦ 谷《たに》（　）□水がつめたい。

イシ　ヤマ　ガワ

⑧ ふじ（　）□日本一だ。

カワ　サン　タ

⑨ 山（　）□かこまれた村。

リン　セキ　デン

⑩ 水（　）□米《こめ》を作《つく》る。

デン　セキ　シン

STEP 3

言葉《ことば》のきまりを守《まも》って文《ぶん》を作《つく》りましょう。

問《とい》　言葉をならべかえて文を作りましょう。線《せん》のついているカタカナは漢字《かんじ》に直《なお》して書《か》きましょう。（ふりがながついている漢字はひらがなで書いてもかまいません。）

①　モリの　育《そだ》てている　お父《とう》さんは　木を

［　　　］～は・が　［　　　］　［　　　］　［　　　］～だ・する　。

②　歩《ある》いた　けわしい　ぼくは　ヤマ道《みち》を

［　　　］～は・が　［　　　］　［　　　］　［　　　］～だ・する　。

③ 泳《およ》いだ　近《ちか》くの　ぼくは　カワで

～は・が

～だ・する

。

④ ハヤシの　すずしい　暗《くら》くて　中は

～は・が

～だ・する

。

⑤ どこまでも　けしきが　デン園《えん》の　つづく

～は・が

～だ・する

。

⑥ 化《か》セキを　きょうりゅうの　お父《とう》さんは　はっけんした　ぼくの

□　□（～は・が）　□　□　□（～だ・する）。

⑦ おかしを　した　ぼくは　ヤマ分《わ》けに　弟《おとうと》と

□　□（～は・が）　□　□　□（～だ・する）。

しぜんを表《あらわ》す漢字《かんじ》②

STEP 1

書《か》き方《かた》と読《よ》み方をおぼえましょう。

「空《そら》」と「天《てん》」はどうちがうか分《わ》かりますか?

「空」は上《うえ》を見上《みあ》げたときの空間《くうかん》です。「天」ももともと同《おな》じものを表しているのですが、わざわざ「天」という言葉《ことば》を使《つか》うときは、とくべつな意味《いみ》があります。「天をあおぐ」「天下《てんか》をとる」「天命《てんめい》」など、むずかしい言葉ですが、このとき「天」とはもっとも気高《けだか》く、大切《たいせつ》なものという意味がこめられています。

雨

一 丆 帀 帀 雨 雨 雨 雨

音読《おんよ》み　ウ

遠足《えんそく》は□《ウ》天中止《てんちゅうし》になった。

訓読《くんよ》み　あめ　あま

□《あめ》がはげしくふっている。

空

丶 丷 宀 宂 穴 㝐 空 空

音《おん》読み　クウ

森《もり》の中《なか》は□《クウ》気《き》がすんでいる。

訓《くん》読み　そら　あーく　あーける　から

□《そら》には雲一《くもひと》つない。

はこの中《なか》は□《から》っぽだ。

天

一 二 チ 天

音《おん》読み　テン

あしたの□《テン》気《き》はくもりらしい。

訓《くん》読み　＊あめ　あま

□《あま》の川《がわ》がきれいに見《み》えた。

気

ノ 𠂉 𠂉 气 気 気

音《おん》読み　キ　ケ

今日《きょう》は□《キ》温《おん》が高《たか》い。

しお□《ケ》の足《た》りないりょうり。

夕

ノ ク タ

音《おん》読み　*セキ

一朝一《いっちょういっ》□《セキ》では完成《かんせい》しない。

*一朝一セキは四字《よじ》じゅく語《ご》で、「わずかの間《あいだ》」という意味《いみ》。

訓《くん》読み　ゆう

□《ゆう》方《がた》になったので家《いえ》に帰《かえ》ろう。

STEP 2

文《ぶん》に合《あ》う言葉《ことば》をえらびましょう。

問《とい》（　）に合うカタカナをえらび、漢《かん》字《じ》に直《なお》して書《か》きましょう。□にはひらがな一字が入ります。うまく言葉がつながるように考《かんが》えて書きましょう。

① この部屋《へや》は（　）気が悪《わる》い。

クウ　テン　ウ

② 夕方《ゆうがた》らい（　）□あった。

テン　キ　ウ

③ （　）気よほうは晴《は》れだ。

ウ　クウ　テン

④ 人（　）□ない場所《ばしょ》はあぶない。

テン　ケ　ウ

⑤ のき下で（　　）やどりをした。

ユウ　アマ　テン

⑥ 今日《きょう》は青（　　）だ。

ゾラ　ユウ　アメ

⑦ （　　）食《しょく》を食《た》べる。

キ　テン　ユウ

⑧ 妹《いもうと》は（　　）のじゃくだ。

アマ　アメ　ソラ

「（　）のじゃく」は、わざと人と反対《はんたい》のことを言《い》ったり、したりする人のこと。

STEP 3 言葉《ことば》のきまりを守《まも》って文《ぶん》を作《つく》りましょう。

問《とい》　言葉をならべかえて文を作りましょう。線《せん》のついているカタカナは漢字《かんじ》に直《なお》して書《か》きましょう。（ふりがながついている漢字はひらがなで書いてもかまいません。）

① テン使《し》だ　君《きみ》は　ぼくの　まるで

［　　］～は・が　［　　］　［　　］　［　　］～だ・する。

② どしゃぶりの　中を　アメの　歩《ある》いた

［　　］　［　　］　［　　］　［　　］～だ・する。

③ すぐに　短《たん》キで　おこる　弟《おとうと》は

～は・が

～だ・する

。

④ 雲《くも》が　うかんでいた　ソラに　まっ白な

～は・が

～だ・する

。

⑤ 小やけで　日が　くれた　ユウやけ

～は・が

～だ・する

。

学校《がっこう》にかんけいする漢字《かんじ》①

学 校 先 生 年

STEP 1

書《か》き方《かた》と読《よ》み方《かた》をおぼえましょう。

小学生《しょうがくせい》になると、学校に行《い》くことになります。そこで、さまざまな新《あたら》しいものと出会《であ》うのですが、それらも漢字でおぼえていきましょう。

「学校」の「学《がく》」は勉強《べんきょう》すること。「校《こう》」は学《まな》ぶ場所《ばしょ》を主《おも》に指《さ》します。学校には「先生《せんせい》」がいます。そして、一年生《いちねんせい》、二年生と「学年《がくねん》」に分《わ》かれていますね。

学

音《おん》読み

ガク

算数《さんすう》で引《ひ》き算《ざん》を□《ガク》習《しゅう》する。

訓《くん》読み

まな－ぶ

漢字《かんじ》の書《か》きじゅんを□《まな》ぶ。

校

一 十 才 木 木' 木' 木' 杧 杪 校

音《おん》読み　コウ

お昼《ひる》の□《コウ》内放送《ないほうそう》が流《なが》れる。

先

丿 𠂉 十 生 牛 先

音《おん》読み　セン

□《セン》生《せい》の話《はなし》はいつもおもしろい。

訓《くん》読み　さき

□《さき》に絵《え》の具《ぐ》のじゅんびをする。

生

ノ 𠂉 牛 牛 生

音読《おん》み

セイ　ショウ

□《セイ》活《かつ》の時間《じかん》に公園《こうえん》へ行《い》く。

せみの一《いっ》□《ショウ》は短《みじか》い。

訓読《くん》み

い-きる　い-かす　い-ける　う-まれる　う-む

*お-う　は-える　は-やす　*き　なま

クラスの□《い》き物《もの》係《がかり》を決《き》める。

年

ノ 𠂉 𠂉 𠂉 𠂉 年

音読《おん》み

ネン

朝礼《ちょうれい》では学《がく》□《ネン》ごとにならぶ。

訓読《くん》み

とし

お□《とし》玉《だま》をもらうのが楽《たの》しみだ。

STEP 2 文《ぶん》に合《あ》う言葉《ことば》をえらびましょう。

問《とい》 （　）に合うカタカナをえらび、漢字《かん》に直《なお》して書《か》きましょう。□にはひらがな一字が入ります。うまく言葉がつながるように考《かんが》えて書きましょう。

① お（　）よりにせきをゆずる。

ショウ　トシ　コウ

② 海外《かいがい》では（　）水を飲《の》んではいけない。

サキ　トシ　ナマ

③ （　）着《ちゃく》じゅんに受《う》けつけをする。

コウ　ネン　セン

④ （　）門《もん》を出る。

ガク　セン　コウ

⑤ 中学校の（　　）徒《と》が遊《あそ》びに来《き》た。

セン　ネン　セイ

⑥ 友《とも》だちからも（　　）ぶことがたくさんある。

サキ　マナ　ナマ

⑦ （　　）□手をあげたのはぼくだ。

トシ　ガク　サキ

⑧ その少《しょう》（　　）□ぼくの友《とも》だちだ。

ガツ　ガク　ネン

⑨ 毎朝《まいあさ》九時《じ》に（　　）校へ行《い》く。

ガッ　セン　ネン

STEP3の学習《がくしゅう》のしかた

くっつき言葉《ことば》の問題《もんだい》①

ここからはくっつき言葉を入《い》れて文《ぶん》を作《つく》る練習《れんしゅう》をしていこう。例《れい》を見《み》てみよう。

例　国語《こくご》□　時間《じかん》に　作《さく》ブン□　書《か》く。

〔を　の　が〕

さあ、□に「を・の・が」のどのくっつき言葉が入《はい》るか考《かんが》えてごらん。

「国語」と「時間」をくっつける言葉は「の」だよね。「国語を時間」「国語が時間」ではおかしいよね。やっぱり「国語の時間」がいいね。

「作ブン」と「書く」をくっつけるのは、「を」。「作ブンの書く」「作ブンが書く」ではなく、やっぱり「作ブンを書く」が正しいんだ。

さいごに、カタカナを「作文」と漢字に直《なお》して、できあがった文を、ていねいにわくの中に書くんだよ。

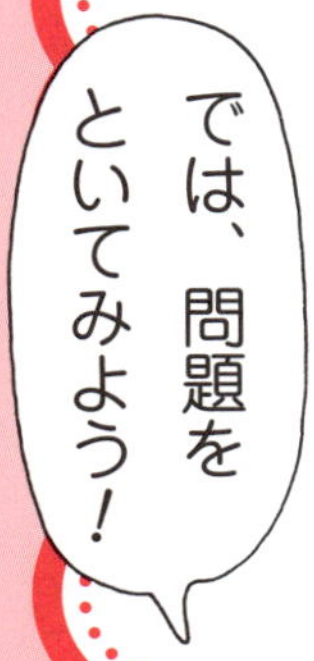

STEP 3 言葉《ことば》のきまりを守《まも》って文《ぶん》を作《つく》りましょう。

問《とい》 □ に合《あ》うひらがなを〔　　〕の中《なか》からえらんで文を作り、わくの中に書《か》きましょう。線《せん》のついているカタカナは漢字《かんじ》に直《なお》して書きましょう。（ふりがながついている漢字はひらがなで書いてもかまいません。）

① わたし □ 工場《こうじょう》 □ 見ガクした。　〔を　の　は〕

② 新《あたら》しい　コウしゃ□　じゅぎょう□　受《う》けた。

〔で　は　を〕

③ ぼく□　セン頭《とう》□　きって　走《はし》った。

〔て　は　を〕

④ 今日《きょう》□　友《とも》だち□　たんジョウ会《かい》□　行《い》く。

〔に　は　の〕

⑤ 今年《ことし》□ 暑《あつ》い 日 □ 多《おお》い。

〔は を が〕

⑥ サキ □ とがっている 物《もの》 □ ふり回《まわ》して □ いけない。

〔を は が〕

学校《がっこう》にかんけいする漢字《かんじ》②

文 音 名 字 本

STEP 1 書《か》き方《かた》と読《よ》み方をおぼえましょう。

学校で何《なに》を習《なら》いますか?
国語《こくご》では、「作文《さくぶん》」を書いたりします。「音楽《おんがく》」の時間《じかん》もありますね。持《も》ち物《もの》には「名前《なまえ》」を書かなければなりません。もちろん、ノートには「字《じ》」を書きます。「本《ほん》」も図書室《としょしつ》でかりることができます。
学校に行《い》ったら、こういった漢字を思《おも》いうかべてくださいね。

文

丶 亠 ナ 文

音読《おん》み　ブン　モン

国語《こくご》の時間《じかん》に作《さく》□《ブン》を書《か》く。

訓読《くん》み　＊ふみ

友《とも》だちに□《ふみ》を出《だ》す。

＊文《ふみ》は「手紙《てがみ》」という意味《いみ》。

音

丶 亠 亠 立 立 产 音 音 音

音《おん》読み

オン　＊イン

□《オン》楽《がく》のじゅぎょうが大《だい》すきだ。

訓《くん》読み

おと　ね

ピアノの□《おと》が聞《き》こえる。

名

ノ ク タ タ 名 名

音《おん》読み

メイ　ミョウ

校長室《こうちょうしつ》には□《メイ》画《が》がある。

訓《くん》読み

な

持《も》ち物《もの》には□《な》前《まえ》を書《か》きましょう。

字

丶 ハ 宀 宀 字 字

音読《おん》み

ジ

ノートに漢《かん》□《ジ》の練習《れんしゅう》をする。

訓読《くん》み

＊あざ

＊市《し》や町《まち》や村《むら》の中《なか》の一区画《いちくかく》で、江戸時代《えどじだい》に使《つか》われた区画のなごり。

本

一 十 才 木 本

音読《おん》み

ホン

図書室《としょしつ》で□《ホン》をかりる。

訓読《くん》み

もと

□《もと》を正《ただ》せば自分《じぶん》が悪《わる》い。

STEP 2

文《ぶん》に合《あ》う言葉《ことば》をえらびましょう。

問《とい》（　）に合うカタカナをえらび、漢《かん》字《じ》に直《なお》して書きましょう。

① 大（　）からやり直《なお》す。

モト　オト　ブン

□

② 家《いえ》に（　）ふだをわすれてきた。

ジ　ナ　ホン

□

③ テレビの（　）量《りょう》を下げてください。

オン　ホン　ブン

□

④ おじいさんは天（　）学者《がくしゃ》だ。

モン　オン　メイ

□

太陽《たいよう》・月・星《ほし》などの天体のけんきゅうをしている人のこと。

⑤ フルートのいい（　）色《いろ》が聞《き》こえる。

ネ　ナ　ジ

□

⑥ ぼくは（　　）字でよばれている。

ホン　ネ　ミョウ

□

⑦ 答《こた》えを十文（　　）以内《いない》で書《か》く。

リ　オン　ジ

□

⑧（　　）気で勉強《べんきょう》しなさい。

ユウ　ゲン　ホン

□

⑨ お姉《ねえ》さんは（　　）学がすきだ。

ナ　メイ　ブン

□

STEP 3

言葉《ことば》のきまりを守《まも》って文《ぶん》を作《つく》りましょう。

問《とい》　□に合《あ》うひらがなを〔　〕の中《なか》からえらんで文を作り、わくの中に書《か》きましょう。線《せん》のついているカタカナは漢字《かんじ》に直《なお》して書きましょう。（ふりがながついている漢字はひらがなで書いてもかまいません。）

①　大きな　物《もの》**オト**□　目□　さめた。　〔の　が　で〕

②

わたし□百まで□数ジ□書《か》ける。

〔は　が　の〕

③

わたし□ブン□書《か》くの□とくいだ。

〔が　は　を〕

④

となりの　おじさん□歌《うた》□歌う　メイジンだ。

〔の　を　は〕

⑤ ぼく□ なかなか **ホンネ**□ 言《い》えない。

〈の　が　は〉

⑥ 画家□ ピカソ□ **ホンミョウ**□ とても 長《なが》い。

〈は　が　の〉

色《いろ》を表《あらわ》す漢字《かんじ》

書《か》き方《かた》と読《よ》み方をおぼえましょう。

色を表す漢字は、ただ色を表すだけでなく、さまざまな気《き》持《も》ちを表すこともあります。

赤《あか》…顔《かお》が赤くなる→はずかしい
白《しろ》…目《め》を白黒《しろくろ》させる→びっくりする
青《あお》…青すじを立《た》てる→おこっている

赤

一 十 土 𡗗 赤 赤 赤

音読《おん》み

セキ　＊シャク

おいわいの日《ひ》は□《セキ》飯《はん》をたく。

訓読《くん》み

あか　あか-い　あか-らむ
あか-らめる

しんごうの□《あか》は止《と》まれ。

白

ノ　亻　白　白　白

音読《おん》み

ハク　＊ビャク

お医者《いしゃ》さんは□《ハク》衣《い》を着《き》ている。

訓読《くん》み

しろ　しろーい　しら

空《そら》に□《しろ》い雲《くも》がうかんでいる。

青

一　十　キ　主　キ　青　青　青

音読《おん》み

セイ　＊ショウ

心《こころ》のやさしい□《セイ》年《ねん》。

訓読《くん》み

あお　あおーい

□《あお》い海《うみ》に心《こころ》がはずむ。

STEP 2 文《ぶん》に合《あ》う言葉《ことば》をえらびましょう。

問《とい》（　）に合うカタカナをえらび、漢《かん》字《じ》に直《なお》して書《か》きましょう。□にはひらがな一字が入ります。うまく言葉がつながるように考《かんが》えて書きましょう。

①（　）い目をした少女《しょうじょ》。

シロ　セキ　アオ

②夕日があたりを（　）くそめた。

シロ　アオ　アカ

③すなおに（　）じょうする。

ハク　セイ　セキ

かくしていたことを言《い》うことだよ。

④ひどい点数《てんすう》にまっ（　）□なる。

サオ　シロ　クロ

血《ち》の気が引《ひ》いてあおい顔《かお》になってしまったんだね。

⑤ 一面《いちめん》まっ（　　）い雪《ゆき》だ。

アカ　シロ　アオ

□

⑥ 思《おも》わず（　　）面《めん》した。

ハク　セイ　セキ

はずかしくて顔《かお》があかくなったんだね。

□

⑦ 高校生《こうこうせい》のお兄《にい》さんは（　　）春《しゅん》のまっただ中だ。

ハク　セイ　セキ

□

くっつき言葉《ことば》の問題《もんだい》②

ここからは、くっつき言葉の練習《れんしゅう》も少《すこ》しむずかしくなるよ。

ならべかえの問題と、くっつき言葉の問題の両方《りょうほう》が入《はい》っているんだ。

例　した　勉強《べんきょう》　ぼくは　国語《こくご》の　〈に　を　が〉

□（～は・が）□□□□（～だ・する）。

まず大切《たいせつ》なのは、「～は・が」と「～だ・する」だったね。

ぼくは（～は・が）□□□した（～だ・する）。

のこった「勉強」「国語の」の言葉のつながりを考《かんが》えると、「国語の→勉強」となるね。

ぼくは（～は・が）国語の　勉強　□　した（～だ・する）。

さあ、さいごはくっつき言葉を「に・を・が」からえらんで、□に入《い》れよう。

「勉強」と「した」をくっつけるのは「を」。

「わたしは国語の勉強をした。」となって、文《ぶん》ができあがるんだ。

では、問題をといてみよう！

STEP 3 言葉《ことば》のきまりを守《まも》って文《ぶん》を作《つく》りましょう。

問《とい》　言葉をならべかえて文を作りましょう。□に合《あ》うひらがなを〔　〕の中《なか》からえらんで書《か》きましょう。線《せん》のついているカタカナは漢字《かんじ》に直《なお》して書きましょう。（ふりがながついている漢字はひらがなで書いてもかまいません。）

①　おこられた　答《とう》あんを　ハク紙《し》　出して　ぼくは

〔は　を　の〕

□（～は・が）　□　□　□　□　□（～だ・する）。

② おこった アオすじ お父《とう》さんは 立てて

〔が を の〕

～は・が

～だ・する

。

③ 女の子が アカい 公園《こうえん》 はいた くつを いた

〔と は に〕

～は・が

～だ・する

。

大《おお》きさを表《あらわ》す漢字《かんじ》

STEP 1

書《か》き方《かた》と読《よ》み方《かた》をおぼえましょう。

すべての物《もの》には大きさがあります。その大きさは、大きいじゅんばんに「大《だい》」「中《ちゅう》」「小《しょう》」と漢字で表します。

たとえば、あなたの体《からだ》の大きさはどうですか？　いつも使《つか》っているお茶《ちゃ》わんの大きさは、「大」「中」「小」のどれですか？

このように漢字はいつも使っているうちに身《み》につくものなのです。

大

一　ナ　大

音読《おんよ》み　ダイ　タイ

お姉《おね》さんは□《ダイ》学生《がくせい》だ。

サッカーの□《タイ》会《かい》に出場《しゅつじょう》した。

訓読《くんよ》み　おお　おおーきい　おおーいに

六年生《ろくねんせい》は体《からだ》が□《おお》きい。

中

丶 ㇇ 口 中

音読《おん》み　チュウ　ジュウ

お兄《にい》さんは今年《ことし》から□《チュウ》学生《がくせい》だ。

一日《いちにち》□《ジュウ》外《そと》で遊《あそ》んでいた。

訓読《くん》み　なか

クラスの□《なか》で一番《いちばん》せが高《たか》い。

小

亅 小 小

音読《おん》み　ショウ

ぼくは□《ショウ》学生《がくせい》だ。

訓読《くん》み　ちい－さい　こ　お

一番《いちばん》□《ちい》さいリンゴをえらぶ。

友《とも》だちと□《こ》声《ごえ》で話《はな》す。

STEP 2

文《ぶん》に合《あ》う言葉《ことば》をえらびましょう。

問《とい》（　）に合うカタカナをえらび、漢《かん》字《じ》に直《なお》して書《か》きましょう。□にはひらがな一字が入ります。うまく言葉がつながるように考《かんが》えて書きましょう。

① はこの（　）身《み》を見る。

ソト　ナカ　ウエ

□

② （　）たんに行動《こうどう》する。

ダイ　チュウ　ショウ

□

③ ゲームにむ（　）□なる。

ショウ　チュウ　ショク

□

④ （　）鳥《とり》がさえずる。

オオ　チュウ　コ

□

⑤（　　）いそぎでじゅんびする。

コ　チュウ　オオ

□

⑥（　　）川で魚《さかな》をとる。

オ　オオ　ナカ

□

⑦ 王子さまのけっこんに国《くに》（　　）が大さわぎになった。

ジュウ　ショウ　オオ

□

言葉《ことば》のきまりを守《まも》って文《ぶん》を作《つく》りましょう。

問《とい》 言葉をならべかえて文を作りましょう。□に合《あ》うひらがなを〔　〕の中《なか》からえらんで書《か》きましょう。線《せん》のついているカタカナは漢字《かんじ》に直《なお》して書きましょう。（ふりがながついている漢字はひらがなで書いてもかまいません。）

① かっている　オオきくて　ぼくは　かしこい　犬　〔の　に　を〕

□（〜は・が）　□　□　□　□　□（〜だ・する）。

②

えらんだ　ナカ　すきな　はこの　おかしを　ぼくは　〔まで　から　ので〕

~は・が

~だ・する

。

③

まるい　お姉《ねえ》さんと　川　コイシを　集《あつ》めた　わたしは　〔に　が　で〕

~は・が

~だ・する

。

向《む》きを表《あらわ》す漢字《かんじ》

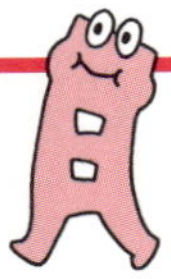

STEP 1

書《か》き方《かた》と読《よ》み方《かた》をおぼえましょう。

向きを表す漢字も、どんな向きなのか、漢字を使《つか》って考《かんが》えてください。

空《そら》を見《み》るときは、「上《うえ》」を見ます。元気《げんき》がないときは「下《した》」を向いて歩《ある》いたりします。あなたのはしを持《も》つ手《て》は、「右《みぎ》」ですか、「左《ひだり》」ですか。

このように向きを漢字で考えるうちに、その漢字が自分《じぶん》のものとなるのです。

上

｜ ト 上

音読《おん》み ジョウ ＊ショウ

川《かわ》の□《ジョウ》流《りゅう》には大《おお》きな石《いし》がある。

訓読《くん》み うえ うわ かみ あ-げる あ-がる のぼ-る ＊のぼ-せる ＊のぼ-す

テーブルの□《うえ》に花《か》びんをおく。

かいだんをかけ□《あ》がる。

下

一 丅 下

音読《おん》み

カ　ゲ

□(カ)級生《きゅうせい》と□(ゲ)校《こう》する。

訓読《くん》み

した　しも　＊もと　さーげる　さーがる　くだーる
くだーす　くだーさる　おーろす　おーりる

にもつを□(した)の部屋《へや》まで運《はこ》ぶ。

急《いそ》いで一《いっ》かいに□(お)りる。

左

一 ナ 左 左 左

音読《おん》み

サ

曲《ま》がり角《かど》で□(サ)せつする。

訓読《くん》み

ひだり

わたしの弟《おとうと》は□(ひだり)ききだ。

右

ノ　ナ　ヤ　右　右

音《おん》読み

ウ　ユウ

くつ下《した》の左《さ》□《ユウ》をかくにんする。

訓《くん》読み

みぎ

□《みぎ》から二《に》番《ばん》目《め》の本《ほん》をとる。

STEP 2

文《ぶん》に合《あ》う言葉《ことば》をえらびましょう。

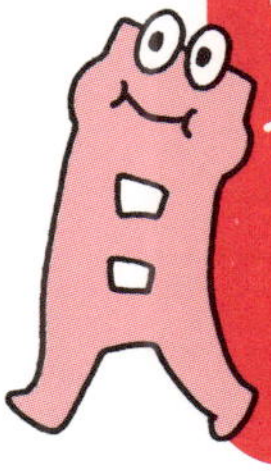

問《とい》（　）に合うカタカナをえらび、漢《かん》字《じ》に直《なお》して書《か》きましょう。

① ぼくは（　）ききだ。

ミギ　ウワ　シモ

□

② 君《きみ》はおどるのが（　）手《ず》だ。

ユウ　ゲ　ジョウ

□

③（　）右《ゆう》をよく見なさい。

ウ　サ　カ

□

④ とちゅう（　）車した。

ウエ　ナカ　ゲ

□

⑤ 暑《あつ》いので、（　）着《ぎ》をぬいだ。

ウワ　ナカ　ソト

□

⑥ 交差点《こうさてん》を（　）せっした。

ウ　シ　ジョウ

⑦ テストの点数《てんすう》が（　）がった。

ウ　サ　オ

⑧ （　）手がいたい。

ウワ　シモ　ヒダリ

STEP 3 言葉《ことば》のきまりを守《まも》って文《ぶん》を作《つく》りましょう。

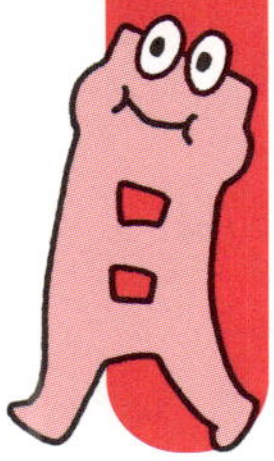

問《とい》 言葉をならべかえて文を作りましょう。□に合うひらがなを（　）の中《なか》からえらんで書《か》きましょう。線《せん》のついているカタカナは漢字《かんじ》に直《なお》して書きましょう。（ふりがながついている漢字はひらがなで書いてもかまいません。）

① とまっている　ウエには　かた　てんとう虫が　君《きみ》の

（は　の　と）

□□□□□〜は・が□〜だ・する。

② 男の子 遊《あそ》んだ きのう サッカーを トシシタの して
〔で と や〕
□□□□□□ ～だ・する □。

③ いい ヒダリメの 視力《しりょく》が ぼくは 右目 ほうが
〔より まで から〕
□□□□□ ～は・が □ ～だ・する □。

④ ノートの　小さく　メモを　ぼくは　した　ミギシタ　〔が　は　に〕

～は・が　□　□　□　□　□　□　～だ・する　□。

⑤ 食《しょく》りょう　行《い》った　お母《かあ》さんは　とりに　地《ち》カ室《しつ》に　〔は　の　を〕

～は・が　□　□　□　□　□　～だ・する　□。

動《うご》きを表《あらわ》す漢字《かんじ》

STEP 1

書《か》き方《かた》と読《よ》み方をおぼえましょう。

自分《じぶん》の体《からだ》の動きを表す漢字ですから、それがどんな動きなのかを思《おも》いうかべてください。じっさいにやってみてもかまいません。

たとえば、部屋《へや》を「出《で》たり」「入《はい》ったり」、外《そと》を「見《み》た」り、「立《た》った」り、「休《やす》ん」だりしてみてください。

このように人《ひと》の動きも漢字で表すことができるのです。

出

丨 屮 屮 出 出

音読《おん》み　シュツ　＊スイ

きゅうきゅう車《しゃ》が□《シュツ》動《どう》する。

訓読《くん》み　で-る　だ-す

家《いえ》の前《まえ》にごみを□《だ》す。

入

ノ 入

音読《おん》み

ニュウ

小学校《しょうがっこう》に□《ニュウ》学《がく》する。

訓読《くん》み

い-る　い-れる　はい-る

たてものの□《い》り口《ぐち》をさがす。

見

丨 冂 冃 月 目 貝 見

音読《おん》み

ケン

パン工場《こうじょう》を□《ケン》学《がく》する。

訓読《くん》み

み-る　み-える　み-せる

夜空《よぞら》にきらめく星《ほし》を□《み》る。

立

丶 亠 亣 立 立

音読《おん》み
リツ　＊リュウ

起《き》□《リツ》しておじぎをする。

訓読《くん》み
たーつ　たーてる

ぶたいのまん中《なか》に□《た》つ。

休

ノ イ 亻 什 休 休

音読《おん》み
キュウ

今《いま》は□《キュウ》けい時間《じかん》です。

訓読《くん》み
やすーむ　やすーまる　やすーめる

かぜをひいたので学校《がっこう》を□《やす》む。

STEP 2 文《ぶん》に合《あ》う言葉《ことば》をえらびましょう。

問《とい》（　）に合うカタカナをえらび、漢《かん》字《じ》に直《なお》して書《か》きましょう。□にはひらがな一字が入ります。うまく言葉がつながるように考《かんが》えて書きましょう。

① 山のちょう上にはたを（　）てた。

ミ　タ　デ

□

② 気が（　）まるときがない。

ヤス　タツ　イリ

□

③ さあ、（　）発《ぱっ》だ。

ケン　ニュウ　シュツ

□

④ 君《きみ》のくせをはっ（　）した。

キュウ　ケン　シン

□

⑤

教室《きょうしつ》に（　）る。

ケン　ハイ　ヤス

⑥

（　）口はどこだ？

デ　タ　イ

⑦

一週間《いっしゅうかん》（　）院《いん》した。

キュウ　シュツ　ニュウ

⑧

（　）春《しゅん》がすぎた。

リッ　キュウ　ニュウ

こよみの上で春《はる》が始《はじ》まる日だよ。

⑨

お花（　）□する。

デ　イ　ミ

⑩

そろそろ（　）けいしよう。

キュウ　リッ　ケン

STEP 3

言葉《ことば》のきまりを守《まも》って文《ぶん》を作《つく》りましょう。

問《とい》　言葉をならべかえて文を作りましょう。□に合《あ》うひらがなを〔　〕の中《なか》からえらんで書《か》きましょう。線《せん》のついているカタカナは漢字《かんじ》に直《なお》して書きましょう。（ふりがながついている漢字はひらがなで書いてもかまいません。）

①　ヤスんだ　かぜを　お兄《にい》さんは　ひいて　学校

〔を　の　が〕

□（～は・が）□□□□□（～だ・する）。

② ニュウしょうした　絵画《かいが》　絵《え》は　お姉《ねえ》さんの　コンクール

〔が　の　で〕

～は・が

～だ・する

。

③ けっこん式《しき》　わたしは　シュッせきする　あした　お姉《ねえ》さんの

〔に　を　て〕

～は・が

～だ・する

。

④

行《い》った　乗《の》って　おミまいに　電車《でんしゃ》　友《とも》だちの　ぼくは

〔で　に　の〕

（〜は・が）□□□□□□（〜だ・する）。

⑤

タって　お姉《ねえ》さんは　考《かん》えよう　タチ場《ば》に　相手《あいて》の　する

〔を　に　と〕

（〜は・が）□□□□□□（〜だ・する）。

様子《ようす》を表《あらわ》す漢字《かんじ》

STEP 1

書《か》き方《かた》と読《よ》み方《かた》をおぼえましょう。

「円《えん》」は円《まる》いという意味《いみ》。円《まる》い月《つき》など、みぢかなもので円いものをさがしてみてください。また「百円《ひゃくえん》」など、お金《かね》のたんいにもなります。

「早《そう》」は時間《じかん》の早《はや》さを表します。

「正《せい》」もよく使《つか》われる漢字です。問題《もんだい》の答《こた》えが合《あ》っているときは、「正《せい》かい」です。「正《ただ》しい」という読み方も大切《たいせつ》です。

円

丨 冂 円 円

音読《おんよ》み　エン

十《じゅう》□《エン》のガムを買《か》う。

訓読《くんよ》み　まるーい

□《まる》い形《かたち》のおせんべい。

早

丨 ロ 日 日 旦 早

音《おん》読み
ソウ　＊サッ

ねつが出《で》たので□《ソウ》たいする。

訓《くん》読み
はや-い　はや-まる　はや-める

まだ出《で》かけるには□《はや》いよ。

正

一 丅 下 正 正

音《おん》読み
セイ　ショウ

むずかしい問題《もんだい》に□《セイ》かいする。

友《とも》だちの□《ショウ》面《めん》に立《た》つ。

訓《くん》読み
ただ-しい　ただ-す　まさ

お父《とう》さんの言《い》うことは□《ただ》しい。

STEP 2

文《ぶん》に合《あ》う言葉《ことば》をえらびましょう。

問《とい》（　）に合うカタカナをえらび、漢《かん》字《じ》に直《なお》して書《か》きましょう。□にはひらがな一字が入ります。うまく言葉がつながるように考《かんが》えて書きましょう。

①（　）直《じき》に話《はな》してごらん。

エン　ソウ　ショウ

□

②（　）口でしゃべると聞《き》きとれない。

マサ　ハヤ　マル

□

③（　）□なっておどろう。

ハヤ　セイ　エン

□

④（　）朝《ちょう》に家《いえ》を出た。

エン　ショウ　ソウ

□

⑤ （　　）い月が出た。

マル　ハヤ　タダ

⑥ これは（　　）ゆめかもしれない。

ハヤ　マル　マサ

「ゆめに見たことがほんとうにおきた」ことだよ。

言葉《ことば》のきまりを守《まも》って文《ぶん》を作《つく》りましょう。

問《とい》　言葉をならべかえて文を作りましょう。□に合《あ》うひらがなを〔　〕の中《なか》からえらんで書《か》きましょう。線《せん》のついているカタカナは漢字《かんじ》に直《なお》して書きましょう。（ふりがながついている漢字はひらがなで書いてもかまいません。）

①　思《おも》う　意見《いけん》　タダしい　ぼくは　君《きみ》の

〔と　の　が〕

□（～は・が）□□□□□□（～だ・する）。

②

ぼう　書《か》いた　校庭《こうてい》に　木の　エン

〔は　で　を〕

□□□□□□□（〜だ・する）。

③

時間《じかん》が　道《みち》が　ハヤまった　とうちゃく　すいていた

〔ので　まで　より〕

□□□□□（〜は・が）□（〜だ・する）。

人《ひと》と文化《ぶんか》にかんけいする漢字《かんじ》

町 村 王 玉 糸 車 力

STEP 1 書《か》き方《かた》と読《よ》み方をおぼえましょう。

あなたの住《す》んでいるところは、「町《まち》」ですか、「村《むら》」ですか？

「市《し》」や「区《く》」に住んでいる人《ひと》もいるかもしれませんが、これは後《あと》で習《なら》う漢字です。

「村」よりも、「町」の方《ほう》が大《おお》きな場《ば》所《しょ》を表します。

このようにいつも漢字でものを考《かんが》えるようにしていきましょう。

町

音読《おん》み チョウ

□（チョウ）内《ない》会《かい》の行《ぎょう》事《じ》にさんかする。

訓読《くん》み まち

□（まち）には大《おお》きな川《かわ》が流《なが》れている。

村

一 十 才 木 村 村 村

音《おん》読み ソン

ぼくのおじいさんは□《ソン》長《ちょう》だ。

訓《くん》読み むら

□《むら》の人《ひと》はみんな親切《しんせつ》だった。

王

一 T 干 王

音《おん》読み オウ

□《オウ》さまはとてもわがままだ。

玉

一 丅 干 王 玉

音読《おん》み

ギョク

こう□《ギョク》というしゅるいのリンゴ。

訓読《くん》み

たま

朝食《ちょうしょく》に目《め》□《だま》やきを食《た》べる。

糸

⺈ 幺 幺 糸 糸 糸

音読《おん》み

シ

せい□《シ》工場《こうじょう》ではたらく。

訓読《くん》み

いと

はりに□《いと》を通《とお》す。

車

一 丆 冂 币 百 亘 車

音読《おん》み

シャ

□《シャ》道《どう》にとび出したらあぶないよ。

訓読《くん》み

くるま

妹《いもうと》を□《くるま》でむかえに行《い》く。

力

フ 力

音読《おん》み

リョク　リキ

君《きみ》がかいた絵《え》は□《リキ》作《さく》だ。

訓読《くん》み

ちから

先生《せんせい》はとても□《ちから》持《も》ちだ。

STEP 2

文《ぶん》に合《あ》う言葉《ことば》をえらびましょう。

問《とい》（　）に合うカタカナをえらび、漢《かん》字《じ》に直《なお》して書《か》きましょう。□にはひらがな一字が入ります。うまく言葉がつながるように考《かんが》えて書きましょう。

① 秋《あき》には（　）□お祭《まつ》りがある。

クルマ　オウ　ムラ

② （　）石《せき》が入りまじっている。

ギョク　リョク　ソン

「いいものと悪《わる》いものがまざっている」ということ。

③ ぼくは下（　）□育《そだ》った。

ムラ　イト　マチ

④ 山（　）□住《す》んでいる。

ソン　チョウ　オウ

⑤ ビー（　　）□あそんだ。

オウ　イト　ダマ

⑥ ぼくのおじさんは（　　）長《ちょう》だ。

ギョク　チョウ　オウ

⑦ （　　）子さまになりたい。

チョウ　シャ　オウ

⑧ かいけつの（　　）口を見つける。

タマ　イト　クルマ

⑨ （　　）くらべをした。

イト　オウ　チカラ

⑩ （　　）□うんてんする。

タマ　イト　クルマ

⑪
手《しゅ》じゅつのあと、ばっ（　　）した。
チョウ　ソン　シ

⑫
自転《じてん》（　　）□乗《の》る。
シ　チョウ　シャ

⑬
君《きみ》はもっと ど（　　）しなさい。
リョク　シャ　ギョク

STEP 3 言葉《ことば》のきまりを守《まも》って文《ぶん》を作《つく》りましょう。

問《とい》 言葉をならべかえて文を作りましょう。□に合《あ》うひらがなを〔　〕の中《なか》からえらんで書《か》きましょう。線《せん》のついているカタカナは漢字《かんじ》に直《なお》して書きましょう。（ふりがながついている漢字はひらがなで書いてもかまいません。）

① この__マチ__は　昔《むかし》ながら　のこしている　__マチ__なみ　美《うつく》しい

〔の　を　や〕

□（～は・が）□□□□□□（～だ・する）。

② 農《のう》ソン　わかい　おじいさんは　くらしている　ころ

〈まで　から　で〉

～は・が

～だ・する

。

③ わたしは　ハンカチ　もよう　もらった　ミズタマ　姉《あね》から

〈に　を　の〉

～は・が

～だ・する

。

④ 美《うつく》しい　国《くに》の　ひょうばんだ　オウジョさまは　とても　となり

〈と　の　が〉

（~は・が）

（~だ・する）

。

⑤ 友《とも》だち　カレー　ぼくは　きょうリョクして　作《つく》った

〈の　を　と〉

（~は・が）

（~だ・する）

。

⑥ ためにお母《かあ》さんはセーター家族《かぞく》のあんだ毛《け》イト

〔を　に　の〕

～は・が

～だ・する

。

⑦ ベルが鳴《な》りひびいたさいしゅうホーム電《でん》シャ

〔に　も　の〕

～は・が

～だ・する

。

著者紹介

出口《でぐち》　汪《ひろし》

1955 年生まれ。関西学院大学大学院文学研究科博士課程単位取得退学。広島女学院大学客員教授、論理文章能力検定評議員、現代文講師として、入試問題を「論理」で読解するスタイルに先鞭をつけ、受験生から絶大なる支持を得る。そして、論理力を養成する画期的なプログラム「論理エンジン」を開発、多くの学校に採用されている。現在は受験界のみならず、大学・一般向けの講演や中学・高校教員の指導など、活動は多岐にわたり、教育界に次々と新機軸を打ち立てている。

主な著書に『はじめての論理国語小 1 レベル』『システム中学国語』『出口の好きになる現代文』『システム現代文』シリーズ、『出口汪の「最強！」の記憶術』『出口汪の「最強！」の書く技術』『出口汪の「最強！」の話す技術』『子どもの頭がグンと良くなる！国語の力』『芥川・太宰に学ぶ心をつかむ文章講座』（以上、水王舎)、『出口汪の日本語論理トレーニング』(小学館)、『源氏物語が面白いほどわかる本』(KADOKAWA)、『教科書では教えてくれない日本の名作』（SB 新書)、『奇跡の記憶術』『「考える力」を身につける本』『「論理力」短期集中講座』（フォレスト出版)、『東大現代文で思考力を鍛える』『センター現代文で分析力を鍛える』『京大現代文で読解力を鍛える』(大和書房)、『マンガでやさしくわかる論理思考』(日本能率協会マネジメントセンター)、『出口汪の論理力トレーニング』（PHP 文庫）『ビジネスマンのための国語力トレーニング』（日経文庫)、『やりなおし高校国語』（ちくま新書）などがある。

STAFF

出口先生の頭《あたま》がよくなるかん字　小学 1 年生

2014 年 8 月 12 日　初版　第 1 刷発行
2020 年 3 月 30 日　　　　第 5 刷発行

著　者　出口　汪
発行人　出口　汪
発行所　株式会社 水王舎
　　　　〒 160-0023　東京都新宿区西新宿 8-3-32
　　　　TEL 03-6304-0201　FAX 03-6304-0252
印刷・製本　大日本印刷
デザイン・イラスト　設樂 みな子（したらぼ）
本文 DTP　株式会社 ピーシーエム

ISBN 978-4-86470-009-2

出口先生の

頭《あたま》がよくなる

かん字で
ことばのトレーニング

かん字 小学1年生

出口 汪《ひろし》

こたえ

数字《すうじ》を表《あらわ》す漢字《かんじ》①

STEP2 ……▼問題19～21ページ

① 四　② 一　③ 三　④ 五
⑤ 六　⑥ 四　⑦ 一　⑧ 二
⑨ 六　⑩ 二　⑪ 三　⑫ 五
⑬ 一　⑭ 二

STEP3 ……▼問題24～26ページ

① わたしの　お姉さんは　六年生に　なった。
② わたしは　四色セットの　ペンを　買った。
③ わたしは　さいごの　一つの　リンゴを　食べた。
④ この　えいがを　ぼくは　三回　見た。
⑤ 前から　二番目の　せきが　空いている。
⑥ ぼくには　五さい　年下の　弟が　いる。
⑦ わたしの　お父さんは　すし屋の　三代目だ。

数字《すうじ》を表《あらわ》す漢字《かんじ》②

STEP2 ……▼問題31～32ページ

① 百　② 八　③ 七　④ 十
⑤ 九　⑥ 千　⑦ 七　⑧ 八
⑨ 九　⑩ 十　⑪ 千

STEP3 ▼問題33～35ページ

① 八月は 一番 暑い きせつだ。

② わたしは 五千円が 入った おさいふを ひろった。

③ うちの 犬は 七さいに なった。

④ ぼくの クラスには 男の子が 十人 いる。

⑤ 算数の 問題を ぼくは 百問 といた。

⑥ 野球は 九人で やる スポーツだ。

⑦ ぼくは マンションの 十かいに 住んでいる。

曜日《ようび》を表《あらわ》す漢字《かんじ》

STEP2 ▼問題41～43ページ

① 水 ② 月 ③ 金 ④ 火

⑤ 水 ⑥ 木 ⑦ 日 ⑧ 土

⑨ 月 ⑩ 火 ⑪ 金 ⑫ 日

⑬ 土 ⑭ 木

STEP3 ▼問題44～46ページ

① お母さんは コンロの 火力を 強くした。

② バケツを たおして ろう下が 水びたしに なった。

③ 空には 大きな まん月が かかっていた。

④ お寺の　庭には　木が　たくさん
生えている。
⑤ ねん土で　遊んだ　後は　手を　あらう。
⑥ ぼくは　金ぴかの　服を　着た。
⑦ お父さんは　旅行に　行く　日時を　決めた。

人《ひと》にかんけいする漢字《かんじ》

STEP2 ……………… ▼問題50～51ページ

① 人　② 女　③ 男　④ 子
⑤ 人　⑥ 男　⑦ 女　⑧ 子

STEP3 ……………… ▼問題52～53ページ

① ぼくは　人間　そっくりの　ロボットを
作った。
② 男せいの　トイレは　あちらの　ほうです。
③ おなかの　大きな　女の　人が　いる。
④ その子は　一年生の　ときに　転校してきた。

体《からだ》を表《あらわ》す漢字《かんじ》

STEP2 ……………… ▼問題57～58ページ

① 手　② 目　③ 口　④ 足
⑤ 耳　⑥ 目　⑦ 手　⑧ 足
⑨ 口

STEP3 ▼問題59～61ページ

① 毎日　わたしは　お皿　あらいを　手つだっている。

② おなかが　いっぱいに　なって　まん足だ。

③ 目は　口ほどに　ものを　言う。

④ 先生の　言葉が　耳に　のこっている。

⑤ ぼくの　おじいさんは　口数が　少ない。

⑥ モデルの　お姉さんは　手足が　長い。

生物《せいぶつ》を表《あらわ》す漢字《かんじ》

STEP2 ▼問題66～67ページ

① 虫　② 貝　③ 草　④ 犬

⑤ 花　⑥ 犬　⑦ 竹　⑧ 虫

⑨ 草　⑩ 花　⑪ 竹

STEP3 ▼問題68～70ページ

① わたしは　大きな　犬が　こわい。

② わたしは　きれいな　花たばを　もらった。

③ お気に入りの　服が　虫に　食われた。

④ お父さんは　貝の　みそしるが　すきだ。

⑤ お母さんは　たくさんの　花言葉を
知っている。

⑥ おばあさんは　七草　がゆを　作った。

⑦ ぼくは　七夕祭りで　使う　竹を　切った。

しぜんを表《あらわ》す漢字《かんじ》①

STEP2 ……………▼問題76～77ページ

① 石　② 田　③ 林の　④ 森で

⑤ 山　⑥ 石　⑦ 川の（は）

⑧ 山は　⑨ 林に（で）　⑩ 田で（に）

STEP3 ……………▼問題78～80ページ

① お父さんは　森の　木を　育てている。

② ぼくは　けわしい　山道を　歩いた。

③ ぼくは　近くの　川で　泳いだ。

④ 林の　中は　暗くて　すずしい。

⑤ 田園の　けしきが　どこまでも　つづく。

⑥ ぼくの　お父さんは　きょうりゅうの
化石を　はっけんした。

⑦ 弟と　ぼくは　おかしを　山分けに　した。

しぜんを表《あらわ》す漢字《かんじ》②

STEP2 …… ▼問題84～85ページ

① 空　② 雨が　③ 天　④ 気の(が)

⑤ 雨　⑥ 空　⑦ 夕　⑧ 天

STEP3 …… ▼問題86～87ページ

① 君は　まるで　ぼくの　**天**使だ。

② どしゃぶりの　**雨**の　中を　歩いた。

③ 弟は　短**気**で　すぐに　おこる。

④ まっ白な　雲が　**空**に　うかんでいた。

⑤ **夕**やけ　小やけで　日が　くれた。

学校《がっこう》にかんけいする漢字《かんじ》①

STEP2 …… ▼問題91～92ページ

① 年　② 生　③ 先　④ 校

⑤ 生　⑥ 学　⑦ 先に　⑧ 年は(が)

⑨ 学

STEP3 …… ▼問題94～96ページ

① わたし**は**　工場**を**　見**学**した。

② 新しい　**校**しゃ**で**　じゅぎょう**を**　受けた。

③ ぼく**は**　**先**頭**を**　きって　走った。

④ 今日**は**　友だち**の**　たん**生**会**に**　行く。

⑤ 今**年は**　暑い　日**が**　多い。

⑥ 先が　とがっている　物を　ふり回しては　いけない。

学校《がっこう》にかんけいする漢字《かんじ》②

STEP2 ……▼問題100〜101ページ

① 本　② 名　③ 音　④ 文
⑤ 音　⑥ 名　⑦ 字　⑧ 本
⑨ 文

STEP3 ……▼問題102〜104ページ

① 大きな　物音で　目が　さめた。
② わたしは　百までの　数字が　書ける。

③ わたしは　文を　書くのが　とくいだ。
④ となりの　おじさんは　歌を　歌う　名人だ。
⑤ ぼくは　なかなか　本音が　言えない。
⑥ 画家の　ピカソは　本名が　とても　長い。

色《いろ》を表《あらわ》す漢字《かんじ》

STEP2 ……▼問題107〜108ページ

① 青　② 赤　③ 白　④ 青に
⑤ 白　⑥ 赤　⑦ 青

STEP3 ……▼問題 110～111ページ

① ぼくは 白紙 の 答あんを 出して おこられた。

② お父さんは 青すじ を 立てて おこった。

③ 赤い くつを はいた 女の子が 公園 に いた。

大《おお》きさを表《あらわ》す漢字《かんじ》

STEP2 ……▼問題 114～115ページ

① 中 ② 大 ③ 中に ④ 小

⑤ 大 ⑥ 小 ⑦ 中

STEP3 ……▼問題 116～117ページ

① ぼくは 大きくて かしこい 犬 を かっている。

② ぼくは はこの 中 から すきな おかしを えらんだ。

③ わたしは お姉さんと 川 で まるい 小石を 集めた。

向《む》きを表《あらわ》す漢字《かんじ》

STEP2 ……▼問題 121～122ページ

① 右 ② 上 ③ 左 ④ 下

⑤ 上 ⑥ 右 ⑦ 下 ⑧ 左

STEP3 ……… ▼問題123～125ページ

① 君の　かた　の　上には　てんとう虫が　とまっている。

② きのう　年下の　男の子　と　サッカーを　して　遊んだ。

③ ぼくは　右目　より　左目の　ほうが　視力が　いい。

④ ぼくは　ノートの　右下　に　小さく　メモを　した。

⑤ お母さんは　地下室に　食りょう　を　とりに　行った。

動《うご》きを表《あらわ》す漢字《かんじ》

STEP2 ……… ▼問題129～130ページ

① 立　② 休　③ 出　④ 見

⑤ 入　⑥ 出　⑦ 入　⑧ 立

⑨ 見を　⑩ 休

STEP3 ……… ▼問題131～133ページ

① お兄さんは　かぜを　ひいて　学校　を　休んだ。

② お姉さんの　絵は　絵画　コンクール　で　入しょうした。

③ わたしは　あした　お姉さんの　けっこん式に　出せきする。

④ ぼくは　電車　に　乗って　友だちのお見まいに　行った。

⑤ お姉さんは　相手の　立場に　立って考えよう　と　する。

様子《ようす》を表《あらわ》す漢字《かんじ》

STEP2 ……▼問題136～137ページ

① 正　② 早　③ 円に　④ 早

⑤ 円　⑥ 正

STEP3 ……▼問題138～139ページ

① ぼくは　君の　意見　が　正しい　と　思う。

② 木の　ぼう　で　校庭に　円　を　書いた。

③ 道が　すいていた　ので　とうちゃく時間が　早まった。

人《ひと》と文化《ぶんか》にかんけいする漢字《かんじ》

STEP2 ……▼問題144～146ページ

① 村の（で）　② 玉　③ 町で

④ 村に　⑤ 玉で　⑥ 町　⑦ 王

⑧ 糸　⑨ カ　⑩ 車を　⑪ 糸

⑫ 車に　⑬ カ

STEP3 ▼問題147～150ページ

① この町は　昔ながら　の　美しい　町なみ　を　のこしている。

② おじいさんは　わかい　ころ　から　農村　で　くらしている。

③ わたしは　姉から　水玉　もよう　の　ハンカチ　を　もらった。

④ となり　の　国の　王女さまは　とても　美しい　と　ひょうばんだ。

⑤ ぼくは　友だち　と　きょう力して　カレー　を　作った。

⑥ お母さんは　家族の　ために　毛糸　の　セーター　を　あんだ。

⑦ さいしゅう　電車　の　ベルが　ホーム　に　鳴りひびいた。

1年生のおさらい①

①円　②休　③草木　④本
⑤文字　⑥貝　⑦土　⑧天気
⑨林　⑩右　⑪青　⑫六
⑬夕日　⑭虫　⑮立　⑯二
⑰年　⑱町　⑲力　⑳手
㉑見学　㉒白　㉓竹　㉔火山
㉕五月　㉖糸車　㉗人口
㉘三日　㉙男子　㉚小石

1年生のおさらい②

①下校　②先生　③名　④音
⑤花　⑥犬　⑦田　⑧雨天
⑨玉　⑩村人　⑪大学　⑫八
⑬百円　⑭入　⑮目　⑯赤
⑰一　⑱王　⑲左　⑳水中
㉑足早　㉒耳　㉓川上　㉔森
㉕正　㉖出　㉗金　㉘千
㉙十四　㉚大空

1年生のおさらい③

①きゅうじつ ②は ③あま
④しんりん ⑤せいねん ⑥りつ
⑦ようか ⑧あま ⑨りき
⑩はなみ ⑪たいぼく ⑫はい
⑬ひとくち ⑭どそく ⑮しゃく
⑯せき ⑰あ ⑱しゅっ
⑲たなばた ⑳ぶん ㉑しろ
㉒がね ㉓そう ㉔ひ ㉕いつ
㉖けん ㉗とおか ㉘しゃ
㉙やま ㉚ここの

1年生のおさらい④

①さゆう ②さき ③みょうじ
④ね ⑤むいか ⑥おうじょ
⑦ちゅう ⑧ふたり ⑨ひゃっ
⑩ちょう ⑪て ⑫もく ⑬ほん
⑭すいでん ⑮なか ⑯ちくりん
⑰おおおとこ ⑱まる ⑲くだ
⑳ただ ㉑まな ㉒げ
㉓みかづき ㉔じょうず ㉕こ
㉖そん ㉗しょうがく ㉘よん
㉙ち ㉚そう